CURSO DE INGLÉS

AMERICA

Smithsonian

CÓMO SEGUIR ESTE CURSO

¡Felicitaciones por haber tomado la decisión de aprender inglés! Gracias por haber elegido aprender con nosotros.

Tienes en tus manos el curso más moderno y actual de inglés: un completo libro impreso con una extraordinaria página web repleta de actividades interactivas y audiovisuales totalmente gratis (**http://inglesamerica.com/**).

Para obtener el máximo rendimiento de nuestro curso intensivo te sugerimos seguir estos pasos:

1 Empieza cada unidad usando el contenido del libro.

- Lee el diálogo de situación en inglés, que es un ejemplo de uso de lo que aprenderemos en la unidad. Apóyate en la traducción solo cuando sea imprescindible.
- Aprende el uso cotidiano del idioma inglés en la siguiente sección: *Let's Speak English.*
- Conoce los fundamentos gramaticales del idioma inglés, fácilmente explicados en Gramática Fácil.
- En las unidades impares, conoce algunas de las palabras y expresiones más usadas en situaciones habituales.

2 Mira y escucha los diálogos en el sitio web (http://inglesamerica.com/).

- Aprende cómo se pronuncian las palabras y la entonación de las frases viendo los videos.
- Cada video es una teatralización de los diálogos del libro.
- Puedes apoyarte primero en los subtítulos para que te sea más cómodo comprender lo que se dice.
- Mira varias veces el video sin subtítulos hasta comprender la totalidad del diálogo sin apoyo alguno. ¡En la vida real no hay subtítulos!

3 Practica la habilidad de hablar inglés con los *Role Plays* (http://inglesamerica.com/).

- Aprenderás a hablar inglés y mejorarás tus habilidades comunicativas y de pronunciación.
- Haciendo el papel (role play) de cada personaje del diálogo, perderás el miedo a hablar inglés... ¡sin pena de hacerlo en público!
- Haz esta actividad varias veces. Grábate y escucha cómo vas mejorando al hablar en inglés.

4 Practica tu pronunciación con la App *Voice Lab* (http://inglesamerica.com/).

- Descárgate la App gratuita ***Voice Lab*** en tu celular.
- Conocerás el vocabulario más usado: las 1.000 palabras y expresiones más comunes.
- Practicarás tu pronunciación con privacidad, pudiendo grabarte y compararte con hablantes nativos.
- El texto de muchas de las situaciones lo encontrarás al final de las unidades impares del libro.

5 Regístrate gratis para recibir clases adicionales en tu celular (http://inglesamerica.com/).

- Sin coste alguno, apúntate para recibir más lecciones de inglés en tu teléfono.
- Podrás recibirlo en tu correo electrónico también, para que las puedas guardar en tu dispositivo preferido.

6 Aprende y prepárate para el test de Ciudadanía Americana (http://inglesamerica.com/).

- Conocerás de forma interactiva lo más importante de la historia de Estados Unidos.
- Aprenderás los temas más importantes de educación cívica.
- Podrás prepararte, sin límite de intentos, para pasar con éxito el examen de Ciudadanía Americana.

7 Explora el canal de contenidos audiovisuales de Smithsonian (http://inglesamerica.com/).

- Conoce los espectaculares contenidos de video del canal de Smithsonian: *Air & Space, Science & Nature, History, Culture,* etc.
- Practica tu inglés y pásala bien mientras aprendes con los videos de Smithsonian, sin esfuerzo.
- Es la forma más entretenida para seguir aprendiendo inglés. Y con los videos online, ¡no te costará un centavo!

8 Conoce más sobre Smithsonian Institution en el apéndice del final del libro.

- En 15 artículos de cómoda lectura podrás conocer datos curiosos e información práctica sobre Smithsonian Institution.
- Visita las páginas web de los distintos museos y sobre los temas de Smithsonian (revistas, zoológico, etc.) que más despierten tu interés.
- ¡Y no dejes de visitar en persona sus interesantes museos y el Parque Zoológico Nacional con tu familia y amigos!

Curso de inglés AMERICA de Smithsonian

Primera edición: marzo 2017

Library of Congress Control Number: 2017931248

ISBN Paperback Edition: 978-1-945540-01-1
ISBN Hardcover Library Edition: 978-1-945540-22-6

Impreso en Estados Unidos

CONTENIDOS
CONTENTS

UNIDAD 01

LET'S SPEAK ENGLISH: Saludos. Entregar algo a alguien. Agradecimientos. Expresiones útiles.
GRAMÁTICA FÁCIL: Pronombres personales sujeto. Presente del verbo **"to be"** (forma afirmativa).

UNIDAD 02

LET'S SPEAK ENGLISH: Saludos. Presentaciones. Agradecimientos.
GRAMÁTICA FÁCIL: Contracciones del verbo **"to be"** en presente. Presente de **"to be"** (preguntas). Adjetivos posesivos: **"my"**, **"your"**. Adjetivos demostrativos: **"this"**, **"that"**, **"these"** y **"those"**. Adjetivos calificativos.

UNIDAD 03

LET'S SPEAK ENGLISH: Saludos y despedidas. Invitaciones. Sugerencias. Países, nacionalidades e idiomas.
GRAMÁTICA FÁCIL: Presente del verbo **"to be"** (forma negativa). Contracciones. El gerundio. El presente continuo. Pronombres personales objeto.

UNIDAD 04

LET'S SPEAK ENGLISH: Vocabulario: la familia. Descripción de la cara. Números del 1 al 50. Preguntar y responder acerca de la edad.
GRAMÁTICA FÁCIL: El artículo indeterminado **"a"** / **"an"** (un, una). Presente del verbo **"to have"** (tener, haber). **"Have"** y **"have got"**. Adjetivos posesivos. Los verbos **"be like"** y **"look like"**. Adjetivos relativos a la personalidad y el aspecto físico.

UNIDAD 05

LET'S SPEAK ENGLISH: Preguntar y responder sobre el trabajo. Expresiones al recibir invitados.
GRAMÁTICA FÁCIL: El presente simple. Adverbios de frecuencia. Pronombres interrogativos.

UNIDAD 11

LET'S SPEAK ENGLISH: Preguntar por lugares. Números del 60 al 999. El número 0. Medios de transporte.
GRAMÁTICA FÁCIL: El imperativo. Órdenes. Indicaciones de lugares. Expresiones de lugar. Hay (**"there is"**, **"there are"**).

UNIDAD 12

LET'S SPEAK ENGLISH: Llamar a alguien por el nombre. La palabra **"right"**.
GRAMÁTICA FÁCIL: El pasado simple del verbo **"to be"**. El pasado simple de verbos regulares. El pasado simple de verbos irregulares.

UNIDAD 13

LET'S SPEAK ENGLISH: Vocabulario: los alimentos. Formas de presentar productos. Pedir un producto en una tienda.
GRAMÁTICA FÁCIL: Nombres contables e incontables. Cuantificadores (**"some"**, **"any"**). Preguntar acerca de cantidades y precios. Uso de la forma **"will"** para decisiones espontáneas.

UNIDAD 14

LET'S SPEAK ENGLISH: Usos de **"how"** (I).
GRAMÁTICA FÁCIL: Expresar mucha o poca cantidad. Pronombres indefinidos. Listado de verbos regulares (pasado) (I).

UNIDAD 15

LET'S SPEAK ENGLISH: Números ordinales. Usos. Fechas. Vocabulario: En el hotel.
GRAMÁTICA FÁCIL: Preposiciones de lugar. Los adverbios **"here"** y **"there"**. Listado de verbos irregulares (pasado) (I).

UNIDAD

01

EN ESTA UNIDAD ESTUDIAREMOS

LET'S SPEAK ENGLISH

a. Saludos.
b. Entregar algo a alguien.
c. Agradecimientos.
d. Expresiones útiles.

GRAMÁTICA FÁCIL

a. Pronombres personales sujeto.
b. Presente del verbo **"to be"** (forma afirmativa).

DIÁLOGO

Maggie quiere matricularse en un curso de pintura y acude a un centro donde poder realizarlo.

Tom: Good afternoon.

Maggie: Good afternoon. I am Maggie Smith, and **I am** interested in a painting course.

Tom: My name is Tom Roberts, and **I am** the director of this art institute. How can we help you?

Maggie: I need some information about painting courses: levels, schedule, price .... But **I am** in a hurry now.

Tom: Don't worry. We can send you all the information by mail or e-mail. **Please**, fill out this form.

Maggie: Excuse me?

Tom: We need your personal information.

Maggie: Ah, yes! **I'm sorry**, but I don't have a pen.

Tom: *Buenas tardes.*

Maggie: *Buenas tardes. Soy Maggie Smith, y estoy interesada en un curso de pintura.*

Tom: *Me llamo Tom Roberts, y soy el director de esta escuela de arte. ¿Cómo podemos ayudarla?*

Maggie: *Necesito información sobre cursos de pintura: niveles, horario, precio.... Pero ahora tengo prisa.*

Tom: *No se preocupe. Podemos enviarle toda la información por correo o por correo electrónico. Por favor, rellene este formulario.*

Maggie: *¿Perdón?*

Tom: *Necesitamos sus datos personales.*

Maggie: *¡Ah, sí! Lo siento, pero no tengo bolígrafo.*

Tom: Here you are.

Maggie: Thank you very much.

Tom: You're welcome.

Maggie: Name ..., address ..., telephone number ..., e-mail address .... That's it! **Here you are**, Mr. Roberts.

Tom: Thank you. Ms. Smith, where are you from?

Maggie: I am from San Francisco.

Tom: I see. **I am** from New York.

Maggie: Well, **excuse me**, but, as I said before, **I am** in a hurry and have to go.

Tom: Don't worry. We will send you all the information you need.

Maggie: Thank you very much.

Tom: You're welcome.

Maggie: Goodbye.

Tom: Goodbye.

Tom: *Aquí tiene.*

Maggie: *Muchas gracias.*

Tom: *De nada.*

Maggie: *Nombre..., dirección..., número de teléfono..., dirección de correo electrónico.... ¡Ya está! Aquí tiene, Sr. Roberts.*

Tom: *Gracias. Srta. Smith, ¿de dónde es usted?*

Maggie: *Soy de San Francisco.*

Tom: *Bien. Yo soy de Nueva York.*

Maggie: *Bueno, disculpe, pero como dije antes, tengo prisa y he de irme.*

Tom: *No se preocupe. Le enviaremos toda la información que necesita.*

Maggie: *Muchas gracias.*

Tom: *De nada.*

Maggie: *Adiós.*

Tom: *Adiós.*

LET'S SPEAK ENGLISH

a Saludos - *Greetings*

La expresión más utilizada cuando dos personas se saludan es **"Hello!"** (*¡Hola!*).

De forma coloquial, también podemos decir **"Hi!"**

Otras alternativas son:

Si el saludo tiene lugar por la mañana: **"Good morning"** (*Buenos días*).

Si es a partir del mediodía: **"Good afternoon"** (*Buenas tardes*).

Y si es a partir de media tarde: **"Good evening"** (*Buenas tardes o buenas noches, según corresponda*).

Para despedirnos también podemos utilizar distintas fórmulas. La más usual es **"Goodbye"** (*Adiós*), que, de forma coloquial, puede quedar en **"Bye"** o **"Bye-bye"**.

The Smithsonian Institution is the world's largest museum and research complex, with 19 museums, 9 research centers, and affiliates around the world, but it has space to exhibit only a very small percentage of its over 156 million items at any one time!

Smithsonian Institution es el complejo museístico y de investigación más grande del mundo, con 19 museos, 9 centros de investigación y otros centros asociados en diversos países, pero tiene espacio para exhibir solo una cantidad muy pequeña de sus más de 156 millones de objetos a la vez.

También podemos usar **"See you"** (*Hasta la próxima*) y otras expresiones derivadas:

See you later (*Hasta luego*).

See you soon (*Hasta pronto*).

See you tomorrow (*Hasta mañana*), etc.

Si es de noche y nos despedimos de alguien a quien no veremos más esa noche, o bien nos despedimos para ir a dormir, usamos **"Good night"** (*Buenas noches*).

Al escribir debemos tener en cuenta que en inglés solo se usa un signo de exclamación (!), al final de la frase o expresión.

b Entregar algo a alguien - *To give something to someone*

Cuando hacemos entrega de algo a alguien, pagamos algo, etc., solemos acompañar el gesto con las expresiones **"Here you are"** o **"There you are"** (*Aquí tiene*).

Ex: - The shirt is $30. — *- La camisa cuesta $30.*

- OK, **here you are**. — *- De acuerdo, aquí tiene.*

¿SABÍAS QUE...?

En los Estados Unidos hay seis zonas horarias. De este a oeste, son la hora estándar del este, la central, la de la montaña, la del Pacífico, la de Alaska y la hawaiano-aleutiana.

c Agradecimientos - *Expressing thanks*

Para dar las gracias por algo, podemos decir:

Thanks. *Gracias.*

Thank you. *Gracias.*

Thanks a lot. *Muchas gracias.*

Thank you very much. *Muchas gracias.*

Thank you very much, indeed! *¡Muchísimas gracias!*

Y para responder:

You're welcome. *De nada.*

Not(hing) at all. *De nada.*

Don't mention it. *No hay de qué.*

d Expresiones útiles - *Useful expressions*

Cuando se solicita algo, se suele acompañar de **"please"** (*por favor*).

Ex: Show me your card, **please**. *Muéstreme su tarjeta, por favor.*

Si no se entiende algo que nos dicen, podemos utilizar **"Excuse me?"** (*¿Cómo?*), **"Pardon?"** (*¿Perdón?*), o simplemente **"What?"** (*¿Qué?*), y así pedimos que nos lo repitan.

The United States has six time zones. From east to west, they are Eastern, Central, Mountain, Pacific, Alaskan, and Hawaii-Aleutian.

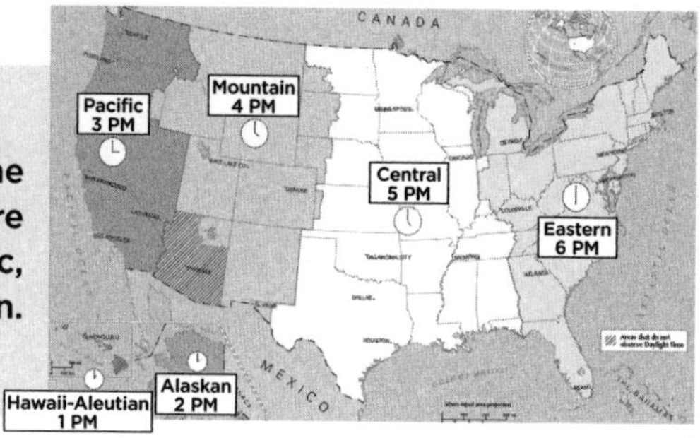

Para pedir disculpas por algo: **"Sorry"** o **"I'm sorry"** *(Lo siento / Perdón / Disculpe)*.

Otros usos de **"Excuse me"**:

Además del uso mencionado cuando queramos que nos repitan algo que se ha dicho, **"Excuse me"** también se utiliza para disculparnos ante alguien por haberle molestado, interrumpido, por haber chocado con él o haberle pisado, por ejemplo, o cuando hemos hecho algo un tanto embarazoso o inadecuado, como puede ser estornudar o eructar ante alguien.

¿SABÍAS QUE...?

La bandera de los Estados Unidos tiene 13 franjas rojas y blancas, que simbolizan las 13 colonias originales. Las 50 estrellas blancas sobre un fondo azul representan el número de estados del país.

GRAMÁTICA FÁCIL

a Pronombres personales sujeto

Usamos pronombres personales para sustituir a los nombres de personas, animales, cosas, lugares, etc., cuando éstos funcionan como sujeto de una oración.

Las formas singulares son:

I (*)	*yo*
you (**)	*tú, usted*
he	*él*
she	*ella*
it (***)	-

John is American. ⟶ **He** is American.

John es estadounidense. *Él es estadounidense.*

Sarah speaks English. ⟶ **She** speaks English.

Sarah habla inglés. *Ella habla inglés.*

(*) El pronombre **"I"** siempre se escribe en mayúscula.

I am a student. *Yo soy estudiante.*

The flag of the United States has 13 red and white stripes, symbolizing the original 13 colonies. The 50 white stars on a blue background represent the number of states in the country.

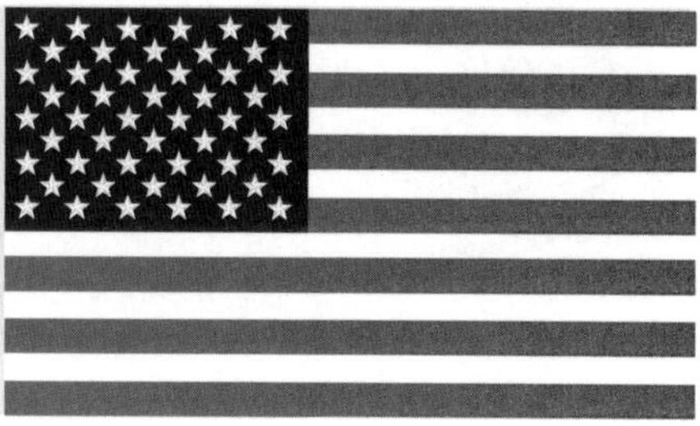

(**) El pronombre **"you"**, en singular, equivale tanto a "tú" como a "usted".

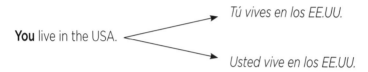

You live in the USA. → *Tú vives en los EE.UU.*
→ *Usted vive en los EE.UU.*

(***) El pronombre **"it"** designa animales, cosas o lugares. En español este pronombre no tiene equivalente.

Miami is a big city. →	**It** is a big city.
Miami es una gran ciudad.	*Es una gran ciudad.*
Toby is a dog. →	**It** is a dog.
Toby es un perro.	*Es un perro.*

Las formas plurales son:

we	*nosotros, nosotras*
you	*ustedes*
they (*)	*ellos, ellas*

(*) El pronombre **"they"** es la forma plural de **"he"**, **"she"** e **"it"**.

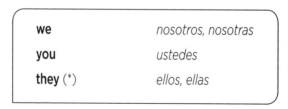

John and Sarah are American. →	**They** are American.
John y Sarah son estadounidenses.	*Ellos son estadounidenses.*
The door and the table are white. →	**They** are white.
La puerta y la mesa son blancas.	*Son blancas.*

¿SABÍAS QUE...?

Washington, D.C., es la capital del país, situada a orillas del río Potomac y rodeada por los estados de Maryland y Virginia. En ella se encuentran edificios gubernamentales tan importantes como la Casa Blanca, el Capitolio y la Corte Suprema.

b El verbo "to be"

El verbo **"to be"** equivale a los verbos "ser" y "estar".
En presente se forma de la siguiente manera:

I am	*yo soy, estoy*	**we are**	*nosotros/as somos, estamos*
you are	*tú eres, estás* *usted es, está*	**you are**	*ustedes son, están*
he is	*él es, está*		
she is	*ella es, está*	**they are**	*ellos/as son, están*
it is	*es, está*		

He **is** Colombian.
Él es colombiano.

He **is** at home.
Él está en casa.

- Ser:

I am Víctor.	*Yo soy Víctor.*
You are a student.	*Tú eres (Usted es) estudiante.*
It is a chair.	*Es una silla.*
We are Spanish.	*Nosotros somos españoles.*
They are American.	*Ellos son estadounidenses.*

- Estar:

I am in Miami.	*Yo estoy en Miami.*
She is ill.	*Ella está enferma.*
It is on the floor.	*Está en el suelo.*
You are in Mexico.	*Tú estás (Usted está / Ustedes están) en México.*
They are at school.	*Ellos están en la escuela.*

Washington, D.C., is the nation's capital, located on the Potomac River and bordering the states of Maryland and Virginia. Its principal government buildings include the White House, the Capitol Building, and the Supreme Court.

Hemos de tener en cuenta que, en español, en muchos casos no se hace uso de los pronombres personales, ya que basta el verbo para saber quién realiza la acción, pero, en inglés, dichos pronombres sí son necesarios.

(~~Yo~~) Soy mexicano. ⟶ **I** am Mexican.

(~~Tú~~) Eres Michael. ⟶ **You** are Michael.

(~~Nosotros~~) Somos altos. ⟶ **We** are tall.

(~~Ustedes~~) Están en casa. ⟶ **You** are at home.

(~~Un libro~~) Está en la mesa. ⟶ **It** is on the table.

(~~Ella~~) Es argentina. ⟶ **She** is Argentinian.

Hay algunas expresiones en las que el verbo **"to be"** también puede tener otros significados en español, como "tener":

You are 22 years old.	*Tú tienes (Usted tiene) 22 años.*
We are lucky.	*Nosotros/as tenemos suerte.*
They are hungry.	*Ellos/as tienen hambre.*
I am thirsty.	*Tengo sed.*
She is in a hurry.	*Ella tiene prisa.*
He is hot and **I am** cold.	*Él tiene calor y yo tengo frío.*

APRENDE VOCABULARIO

Greetings *Saludos*

Hi! / Hello!	*¡Hola!*
Good morning.	*Buenos días.*
Good afternoon.	*Buenas tardes.*
Good evening / Good night.	*Buenas noches.*
How are you doing?	*¿Cómo estás?*
Fine.	*Bien.*
Very well.	*Muy bien.*
Thank you / Thanks.	*Gracias.*
Thank you very much.	*Muchas gracias.*
You're welcome.	*De nada.*
Fine, thank you.	*Bien, gracias.*
And you?	*¿Y tú?*
See you.	*Nos vemos.*
See you later.	*Hasta luego.*
See you tomorrow.	*Hasta mañana.*
Goodbye.	*Adiós.*
Bye.	*Chao.*

RACTICA TU PRONUNCIACIÓN

Introductions and courtesy expressions	*Presentaciones y expresiones de cortesía*
What is your name?	*¿Cómo se llama usted?*
My name is ...	*Me llamo...*
Who are you?	*¿Quién es usted?*
I am ...	*Soy...*
Who is he / she?	*¿Quién es él / ella?*
He is ... / She is ...	*Él es... / Ella es...*
Nice to meet you.	*Encantado de conocerlo/la.*
Pleased to meet you.	*Encantado de conocerlo/la.*
Nice to meet you, too.	*También.*
It's my pleasure.	*Es un placer.*
Excuse me.	*Disculpe.*
Please.	*Por favor.*
One moment, please.	*Un momento, por favor.*
Welcome.	*Bienvenido.*
Go ahead.	*Pase adelante.*
Can you repeat that, please?	*¿Puede repetir, por favor?*
I don't understand.	*No comprendo.*
I understand a little.	*Comprendo un poco.*
Can you speak more slowly, please?	*¿Puede hablar más despacio, por favor?*
Do you speak Spanish?	*¿Habla usted español?*
How do you say "hello" in Spanish?	*¿Cómo se dice "hello" en español?*
What does it mean?	*¿Qué significa eso?*
I speak a little Spanish.	*Hablo un poco de español.*

Practica ahora tu pronunciación en http://inglesamerica.com/

UNIDAD

02

EN ESTA UNIDAD ESTUDIAREMOS

LET'S SPEAK ENGLISH

a. Saludos.
b. Presentaciones.
c. Agradecimientos.

GRAMÁTICA FÁCIL

a. Contracciones del verbo **"to be"** en presente (forma afirmativa).
b. Presente del verbo **"to be"** (preguntas).
c. Adjetivos posesivos: "**my**", **"your"**.
d. Adjetivos demostrativos: **"this"**, **"that"**, **"these"**, **"those"**.
e. Adjetivos calificativos.

DIÁLOGO

Jane invita a su amigo David a su casa.

Jane: **Hi, David! How are you?**

David: **Hello! I'm fine, thanks. And you?**

Jane: **Very well, thank you. Thanks for coming!**

David: Of course! **I'm** pleased to see you!

Jane: **I'd like to introduce you to** ... *(She shows photo of a baby).* **This is** Laura, my **new** baby niece.

David: Wow, **she's beautiful! Is she** really **your** niece?

Jane: Yes, **she is.**

David: How old **is** she?

Jane: **She's** three days old.

David: Her eyes **are blue,** like yours.

Jane: Yes, and I think she'll be **tall,** like **my** brother.

Jane: *¡Hola, David! ¿Cómo estás?*

David: *¡Hola! Estoy bien, gracias. ¿Y tú?*

Jane: *Muy bien, gracias. ¡Gracias por venir!*

David: *Como siempre, es un placer verte.*

Jane: *Quisiera presentarte a... (muestra la foto de un bebé). Esta es Laura, mi nueva sobrinita.*

David: *¡Caramba! Es preciosa. ¿Es realmente tu sobrina?*

Jane: *Sí, lo es.*

David: *¿Qué edad tiene?*

Jane: *Tiene tres días.*

David: *Sus ojos son azules, como los tuyos.*

Jane: *Sí, y creo que será alta, como mi hermano.*

(Looking outside) What**'s that** in front of the house?

David: Oh, **that's my** car!

Jane: **Is it new?**

David: Yes.

Jane: **It's very nice.** It looks **expensive!**

David: **It is**, but I love it.

Jane: Do you want some tea?

David: Yes, please.

Jane: And a cookie?

David: Mmm, yes! **I'm** a little hungry!

(After a while)

David: Well, Jane, **it's** time to go. **Thanks for inviting me!**

Jane: **You're** welcome. See you soon.

David: Bye-bye.

(Mirando fuera) ¿Qué es eso que hay delante de la casa?

***David**: ¡Ah! Es mi auto.*

***Jane**: ¿Es nuevo?*

***David**: Sí.*

***Jane**: Es muy bonito. ¡Parece caro!*

***David**: Lo es, pero me encanta.*

***Jane**: ¿Quieres té?*

***David**: Sí, por favor.*

***Jane**: ¿Y unas galletas?*

***David**: ¡Sí! ¡Tengo un poco de hambre!*

(Tras un rato)

***David**: Bueno, Jane, es hora de irme. ¡Gracias por invitarme!*

***Jane**: De nada. Hasta pronto.*

***David**: Adiós.*

LET'S SPEAK ENGLISH

a Saludos - *Greetings*

A modo de saludo, así como para preguntar por alguien, habitualmente se utiliza la expresión:

How are you?	*¿Cómo estás? / ¿Cómo está usted?*

Y para responder podemos decir:

(I'm) Fine, thanks.	*Estoy bien, gracias.*
(I'm) Okay, thanks.	*Estoy bien, gracias.*
(I'm) Very well, thank you.	*Estoy muy bien, gracias.*
(I'm) Great, thank you.	*Estoy fenomenal, gracias.*
Quite well, thank you.	*Perfectamente, gracias.*
(I'm) So, so.	*Estoy así, así (más o menos).*

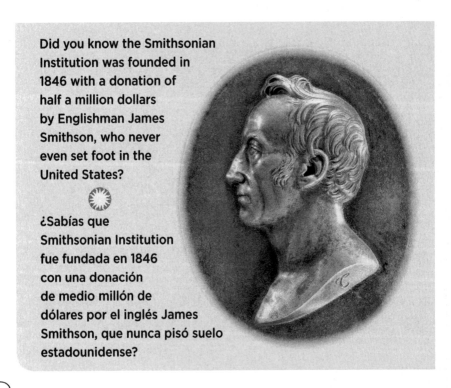

Did you know the Smithsonian Institution was founded in 1846 with a donation of half a million dollars by Englishman James Smithson, who never even set foot in the United States?

¿Sabías que Smithsonian Institution fue fundada en 1846 con una donación de medio millón de dólares por el inglés James Smithson, que nunca pisó suelo estadounidense?

Estas expresiones suelen ir acompañadas de **"And you?"** *(¿Y tú / usted?)* para devolver la pregunta.

How are you?	*¿Cómo estás tú? / ¿Cómo está usted?*
Fine, thanks. And you?	*Bien, gracias. ¿Y tú / usted?*

b Presentaciones - *Introductions*

- Para presentarse uno a sí mismo se pueden utilizar distintas expresiones:

Hello, **I'm** Michael. (informal)	*Hola, soy Michael.*
My name is Michael. (formal)	*Mi nombre es Michael.*

- Para presentar a otra persona se puede decir:

Mark, **this is** Susan. (informal)	*Mark, ella es Susan.*
Let me introduce you to Susan. (formal)	*Permítame presentarle a Susan.*
I'd like to introduce you to Susan. (formal)	*Me gustaría presentarle a Susan.*

¿SABÍAS QUE...?

Para ser candidato a presidente de los Estados Unidos, un ciudadano ha de haber nacido en el país, tener al menos 35 años, y haber sido residente en los Estados Unidos durante 14 años.

- Al saludarse las personas que se han presentado, suelen decir:

(It's) **Nice to meet you.** (informal)	*Mucho gusto / Encantado de conocerte.*
(I'm) **Pleased / Glad to meet you.** (informal)	*Mucho gusto / Encantado de conocerte.*
How do you do?* (formal)	*Es un placer conocerle.*

* Esta pregunta se responde formulando la misma pregunta.

C Agradecimientos - *Expressing thanks*

Para agradecer a alguien alguna acción usamos la preposición **"for"**, seguida de dicha acción en **gerundio** (infinitivo + ing).

Thank you **for coming**.
Gracias por venir.

Thank you **for helping** me.
Gracias por ayudarme.

Thanks **for carrying** these packages.
Gracias por llevar estos paquetes.

Don't mention it!
¡No hay de qué!

In order to be able to run for President of the United States, a person must be a natural-born citizen, be at least 35 years old, and have been a resident of the United States for 14 years.

GRAMÁTICA FÁCIL

a Contracciones del verbo "to be" en presente

En la unidad anterior vimos cómo se forma el presente del verbo **"to be"** de forma afirmativa. A continuación vamos a ver cómo se usa de forma contraída. Para ello, unimos el verbo al sujeto y sustituimos la primera letra del verbo por un apóstrofo. Así:

I am	→	**I'm**	**I'm** a gardener.	*Soy jardinero.*
you are	→	**you're**	**You're** a good student.	*Tú eres un buen estudiante.*
he is	→	**he's**	**He's** American.	*Él es estadounidense.*
she is	→	**she's**	**She's** really pretty.	*Ella es muy linda.*
it is	→	**it's**	**It's** a red table.	*Es una mesa roja.*
we are	→	**we're**	**We're** from Mexico.	*Somos de México.*
you are	→	**you're**	**You're** at work.	*Ustedes están en el trabajo.*
they are	→	**they're**	**They're** Alex and Eric.	*Ellos son Alex y Eric.*

La forma **"is"** también puede contraerse con el sujeto cuando éste es un nombre propio.

John's at home.	= **John is** at home.	*John está en casa.*
Brenda's your sister.	= **Brenda is** your sister.	*Brenda es tu hermana.*

¿SABÍAS QUE...?

La Constitución de los EE.UU. es un documento que estableció el gobierno nacional del país y las leyes que lo habrían de regir, y garantizó ciertos derechos básicos para sus ciudadanos. Fue firmada el 17 de septiembre de 1787 por delegados, entre los que se encontraban George Washington y Thomas Jefferson.

b Preguntas con el presente del verbo "to be"

Para hacer preguntas con el verbo **"to be"**, lo colocamos delante del sujeto. De esta manera:

He **is** your teacher.	*Él es tu profesor.*
Is he your teacher?	*¿Es él tu profesor?*

Hemos de tener en cuenta que, al escribir, solo se utiliza un signo de interrogación al final de la pregunta.

Is she an actress?	*¿Es ella actriz?*
Is it an expensive car?	*¿Es un auto caro?*
Are we happy?	*¿Estamos nosotros contentos?*
Are they in Miami?	*¿Están ellos en Miami?*
Are you Mexican?	*¿Son ustedes mexicanos?*

c Adjetivos posesivos: "my", "your"

Estos adjetivos indican posesión y siempre van seguidos de un nombre. En esta ocasión estudiaremos los correspondientes a las dos primeras personas.

I *(yo)*	→	**my** *(mi, mis)*
you *(tú)*	→	**your** *(tu, tus)*
you *(usted)*	→	**your** *(su, sus, de usted, de ustedes)*

The U.S. Constitution is a document that established America's national government and guiding laws and guaranteed certain basic rights for its citizens. It was signed on September , 1787, by delegates including George Washington and Thomas Jefferson.

Los adjetivos posesivos en inglés son invariables, bien se utilicen con un nombre en singular o en plural.

It's **my** dog.	*Es mi perro.*
They're **my** dogs.	*Son mis perros.*
My name is Tom.	*Mi nombre es Tom / Me llamo Tom.*
My brothers are James and Paul.	*Mis hermanos son James y Paul.*
This is **your** house.	*Esta es tu casa.*
Your parents are Dominican.	*Tus padres son dominicanos.*

Ya hemos visto que el adjetivo posesivo **"your"** equivale al posesivo de "tú" y de "usted". En español hay diferencia entre ambos, pues uno es "tu / tus" (tú) y el otro es "su / sus" (usted), pero en inglés será el contexto el que marque dicha diferencia. Veamos un ejemplo: Imaginemos que nos mudamos a vivir a un edificio nuevo y nos queremos presentar a algunos vecinos. Si encontramos a un adolescente, le podemos decir:

Hello! I am **your** new neighbor. *¡Hola! Soy tu nuevo vecino.*

Pero si encontramos a una persona mayor, o a alguien con quien debemos o queremos mantener un tono de formalidad, le diríamos exactamente lo mismo:

Hello! I am **your** new neighbor. *¡Hola! Soy su nuevo vecino.*

¿SABÍAS QUE...?

Silicon Valley es el nombre de la zona, al sur de San Francisco, que aloja cientos de empresas en formación y de tecnología global, entre las que destacan Google, Apple y Facebook.

d Adjetivos demostrativos: "this", "that", "these", "those"

Los adjetivos demostrativos acompañan a un nombre y se utilizan para mostrar la distancia entre el hablante y el objeto del que se habla.

Sus formas en singular son:

this *este, esta, esto*

that *ese, esa, eso, aquel, aquella, aquello*

Estos adjetivos tienen la misma forma con nombres masculinos o femeninos.

This man is my father.	*Este hombre es mi padre.*
This woman is my mother.	*Esta mujer es mi madre.*
That boy is John.	*Ese muchacho es John.*
That girl is your cousin.	*Esa / Aquella muchacha es tu prima.*

El demostrativo **"that"** puede contraerse con **"is"**:

That is my car. ⟶ **That's** my car. *Ese / Aquel es mi auto.*

Sus formas en plural son:

these	*estos, estas*
those	*esos, esas, aquellos, aquellas*

These books are interesting.	*Estos libros son interesantes.*
Those girls are Linda and Betty.	*Esas / Aquellas muchachas son Linda y Betty.*

Silicon Valley is the name of the area south of San Francisco that is home to ndreds of start-up and global technology companies, with Google, Apple, and Facebook among the most well known.

e Adjetivos calificativos

Estos adjetivos se usan para describir personas, animales, cosas, lugares, circunstancias, etc., indicando características de los mismos. Así, pueden indicar color, tamaño, procedencia, peso, aspecto, etc.

She is **tall**.	*Ella es alta.*
That girl is very **intelligent**.	*Esa muchacha es muy inteligente.*

Los adjetivos no tienen marca de género ni número, es decir, son invariables para el masculino, femenino, singular y plural.

This car is **expensive**.	*Este auto es caro.*
These cars are **expensive**.	*Estos autos son caros.*
This house is **expensive**.	*Esta casa es cara.*
These houses are **expensive**.	*Estas casas son caras.*

Cuando los adjetivos acompañan a un nombre, se colocan delante de él.

It's a **difficult** exercise.	*Es un ejercicio difícil.*
They are **good** students.	*Ellos/as son buenos/as estudiantes.*
That **slim** boy is my brother.	*Ese muchacho delgado es mi hermano.*

Los adjetivos también pueden llevar delante palabras que los intensifican. La más común es **"very"** *(muy)*.

That movie is **very boring**.	*Esa película es muy aburrida.*
This is **very easy**.	*Esto es muy fácil.*

UNIDAD 03

EN ESTA UNIDAD ESTUDIAREMOS

LET'S SPEAK ENGLISH

a. Saludos y despedidas.
b. Invitaciones.
c. Sugerencias.
d. Países, nacionalidades e idiomas.

GRAMÁTICA FÁCIL

a. Presente del verbo **"to be"** (forma negativa). Contracciones.
b. El gerundio.
c. El presente continuo.
d. Pronombres personales objeto.

DIÁLOGO

John llega a casa de su hermana Sarah y hablan sobre sus asuntos recientes.

Sarah: **Hi, John! Come on in! How are things?**

John: **Great, thanks. And you?**

Sarah: **Fine, thank you. Let's** sit down. Well, tell **me** about yourself.

John: Well, at the moment a friend **is staying** at home with **me. He's from France** and he speaks **French**, **English**, **and Spanish.**

Sarah: Wow! **Are you practicing** your **French** with **him?**

John: Not a lot. His **English** is excellent and my **French isn't** very good.

Sarah: **Are you showing him** the city?

John: Yes. Today **we're going** to see the cathedral and a museum. Tomorrow **we're going** to the movies.

Sarah: That's great! But the cathedral **isn't** very memorable.

John: Are you kidding? It's interesting!

***Sarah**: ¡Hola, John! Pasa. ¿Cómo van las cosas?*

***John**: Perfectamente, gracias. ¿Y a ti?*

***Sarah**: Bien, gracias. Sentémonos. Bueno, cuéntame de ti.*

***John**: Bien, en este momento un amigo se está quedando en casa conmigo. Él es de Francia y habla francés, inglés y español.*

***Sarah**: ¡Muy bien! ¿Estás practicando tu francés con él?*

***John**: No mucho. Su inglés es excelente y mi francés no es muy bueno.*

***Sarah**: ¿Le estás mostrando la ciudad?*

***John**: Sí. Hoy vamos a ver la catedral y un museo. Mañana vamos al cine.*

***Sarah**: ¡Muy bien! Pero la catedral no es muy bonita.*

***John**: ¿Bromeas? ¡Es interesante!*

Sarah: And **are you making him** typical meals?

John: Well, **I'm not** very good at **cooking**. Today **we're going** to eat out.

Sarah: **Let's** have a dinner at my house on Sunday.

John: That sounds wonderful! Thanks a lot, Sarah!

Sarah: Don't mention it.

John: And what's new with you?

Sarah: Well, **I'm studying Spanish** in the evenings, and **I'm taking** exercise classes too. I'm very busy.

John: **I'm trying** to learn **Spanish** as well, but **I'm not** a very good student. **Let's** study together.

Sarah: Okay.

John: Well, I'd better go. **Till next time!**

Sarah: **Have a nice day** with your friend! Bye!

***Sarah**: ¿Y le estás haciendo comidas típicas?*

***John**: Bueno, no soy muy bueno cocinando. Hoy vamos a comer fuera.*

***Sarah**: ¡Pues cenemos en mi casa el domingo!*

***John**: ¡Suena maravilloso! ¡Muchas gracias, Sarah!*

***Sarah**: No hay de qué.*

***John**: ¿Y qué hay de ti?*

***Sarah**: Bueno, estoy estudiando español por las tardes y tomando clases de aerobic también. Estoy muy ocupada.*

***John**: Yo estoy intentando aprender español también, pero no soy un estudiante muy bueno. Estudiemos juntos.*

***Sarah**: De acuerdo.*

***John**: Bueno, me debería ir. ¡Hasta la próxima!*

***Sarah**: ¡Que pases un buen día con tu amigo! ¡Adiós!*

LET'S SPEAK ENGLISH

a Saludos - *Greetings*

En las unidades anteriores hemos estudiado distintas formas de saludos. En ésta vamos a aprender más maneras de saludar y despedirse.

Al saludarse:

How are you doing?	*¿Cómo estás?*
How is it going?	*¿Cómo va todo? / ¿Qué tal?*
How are things?	*¿Cómo van las cosas?*
What's up?	*Hola, ¿qué tal?*
Are you all right?	*¿Estás bien?*

James Smithson, the founder of the Smithsonian Institution, believed that the pursuit of science and knowledge was the key to happiness and prosperity for all of society. He thought scientists should be considered "citizens of the world."

James Smithson, el fundador de Smithsonian Institution, creía que la búsqueda de la ciencia y el conocimiento era la llave de la felicidad y la prosperidad para toda la sociedad. Pensaba que los científicos deberían ser considerados "ciudadanos del mundo".

Y podemos responder:

(I'm doing) Well, thanks.
Bien, gracias.
(It's going) Okay, thank you.
Bien, gracias.
Fine, thank you.
Bien, gracias.
Great! Thank you.
¡Fenomenal! Gracias.

Para despedirse, además de las formas ya aprendidas, encontramos:

Have a nice day!
Que tengas un buen día.
Have a nice weekend!
Que pases un buen fin de semana.
Till next time!
Hasta la próxima

b Invitaciones - *Invitations*

Al invitar a alguien a pasar a casa se pueden utilizar estas expresiones:

Come in, please!	*Pasa/Pase, por favor.*
Come on in, please!	*Pasa/Pase, por favor.*

c Sugerencias - *Suggestions*

Existen varias maneras de expresar sugerencias en inglés. En esta ocasión veremos el uso de **"let's + infinitivo"**. En este tipo de sugerencias, el hablante tomará parte en las mismas.

To go (*ir*)	⟶	**Let's** go to the movies.	*Vayamos al cine.*
To buy (*comprar*)	⟶	**Let's** buy the newspaper.	*Compremos el diario.*
To speak (*hablar*)	⟶	**Let's** speak English.	*Hablemos inglés.*

¿SABÍAS QUE...?

Para poder votar en las elecciones federales debes estar registrado. Tienes derecho a votar en dichas elecciones si eres un ciudadano estadounidense, cumples con los requisitos de residencia de tu estado y eres mayor de 18 años.

d Países, nacionalidades e idiomas
Countries, nationalities and languages

Los países, nacionalidades e idiomas siempre se escriben con letra mayúscula.

Countries **(países)**	***Nationalities*** **(nacionalidades)**	***Languages*** **(idiomas)**
United States	American	English
England	English	English
Canada	Canadian	English/French
Australia	Australian	English
Mexico	Mexican	Spanish
Colombia	Colombian	Spanish
Venezuela	Venezuelan	Spanish
Russian Federation	Russian	Russian
Cuba	Cuban	Spanish
Argentina	Argentinian	Spanish
Spain	Spanish	Spanish
Brazil	Brazilian	Portuguese
Germany	German	German
France	French	French
Italy	Italian	Italian
Japan	Japanese	Japanese
China	Chinese	Chinese

Para indicar **procedencia** usamos la preposición **"from"** (*de, desde*):

I'm **from Mexico**.
Soy de México.

I'm **Mexican**.
Soy mexicano.

He's **from Australia**.
Él es de Australia.

He's **Australian**.
Es australiano.

We're **from the United States**.
Somos de los EE.UU.

We speak **English**.
Hablamos inglés.

In order to vote in federal elections, you must be registered. You are eligible to vote in U.S. federal elections if you are a U.S. citizen, you meet your state's residency requirements, and you are at least 18 years old.

GRAMÁTICA FÁCIL

a Presente del verbo "to be" (forma negativa). Contracciones

Para expresar el verbo **"to be"** en frases negativas añadimos **"not"** después del verbo.

Es muy común el uso de las contracciones, que, en este caso, se pueden realizar de dos maneras, excepto para la primera persona:

I **am not**	⟶	I'**m not**	*yo no soy/estoy*
you **are not**	⟶	you'**re not** / you **aren't**	*tú no eres/estás* *usted no es/está*
he **is not**	⟶	he'**s not** / he **isn't**	*él no es/está*
she **is not**	⟶	she'**s not** / she **isn't**	*ella no es /está*
it **is not**	⟶	it'**s not** / it **isn't**	*no es/está*
we **are not**	⟶	we'**re not** / we **aren't**	*nosotros/as no somos/estamos*
you **are not**	⟶	you'**re not** / you **aren't**	*ustedes no son/están*
they **are not**	⟶	they'**re not** / they **aren't**	*ellos/as no son/están*

I'**m not** Italian.	*No soy italiano.*
You **aren't** a teacher.	*Usted no es profesor.*
He'**s not** tired.	*Él no está cansado.*
She **isn't** Margaret.	*Ella no es Margaret.*
It **isn't** my house.	*No es mi casa.*
We **aren't** Brazilian.	*No somos brasileños.*
You'**re not** happy.	*Ustedes no son felices.*
They **aren't** here.	*Ellos no están aquí.*

¿SABÍAS QUE...?

Nueva York estuvo antiguamente gobernada por los holandeses y se llamaba Nueva Amsterdam. La isla de Manhattan fue la capital de los Nuevos Países Bajos, a la que se le dio el nombre de Nueva York en 1664, cuando fue tomada por los ingleses.

b El gerundio

El gerundio tiene distintas funciones en inglés. Una de ellas es que forma parte de los tiempos continuos. Equivale en español a las formas acabadas en "-ando" e "-iendo" (saltando, corriendo). Se forma añadiendo **"-ing"** al infinitivo del verbo, aunque a veces se producen ligeros cambios, que pasamos a ver.

I) La regla general es "infinitivo + (-ing)":

work + (-ing) = working *(trabajando)*

II) Si el infinitivo acaba en "e" muda, ésta desaparece al añadir "-ing":

live + (-ing) = living *(viviendo)*

III) Si el infinitivo acaba en "e" sonora, ésta no desaparece:

see + (-ing) = seeing *(viendo)*

IV) Si el infinitivo acaba en "ie", estas vocales cambian a "y":

lie + (-ing) = lying *(mintiendo)*

V) Si el infinitivo acaba en "y", ésta permanece y se añade "-ing":

study + (-ing) = studying *(estudiando)*

VI) Si el infinitivo acaba en la sucesión "consonante-vocal-consonante" y la última sílaba es la acentuada, la última consonante se duplica antes de añadir "-ing":

begin + (-ing) = beginning *(comenzando)*

c El presente continuo

Se forma con el **presente del verbo "to be"** y el **gerundio** del verbo que se trate. Sus formas afirmativa, negativa e interrogativa son:

New York was once ruled by the Dutch and called New Amsterdam. Manhattan Island was the capital of New Netherland, and it was renamed New York in 1664 when it was captured by the English.

[**"To eat"**: comer]

Afirmativa	Negativa	Interrogativa
I am eating.	**I'm not eating.**	**Am I eating?**
You are eating.	**You aren't eating.**	**Are you eating?**
He is eating.	**He isn't eating.**	**Is he eating?**
She is eating.	**She isn't eating.**	**Is she eating?**
It is eating.	**It isn't eating.**	**Is it eating?**
We are eating.	**We aren't eating.**	**Are we eating?**
You are eating.	**You aren't eating.**	**Are you eating?**
They are eating.	**They aren't eating.**	**Are they eating?**
Yo estoy comiendo.	*Yo no estoy comiendo.*	*¿Estoy comiendo?*
Tú estás comiendo.	*Tú no estás comiendo.*	*¿Estás comiendo?*
Él está comiendo.	*Él no está comiendo.*	*¿Está él comiendo?*
Ella está comiendo.	*Ella no está comiendo.*	*¿Está ella comiendo?*
Está comiendo.	*No está comiendo.*	*¿Está comiendo?*
Nosotros estamos comiendo.	*No estamos comiendo.*	*¿Estamos comiendo?*
Ustedes están comiendo.	*Ustedes no están comiendo.*	*¿Están ustedes comiendo?*
Ellos están comiendo.	*Ellos no están comiendo.*	*¿Están ellos comiendo?*

ı) El presente continuo indica una acción que está ocurriendo en el momento en que se habla.

I am speaking to you.	*Estoy hablando contigo.*
Is she calling a friend now?	*¿Está ella llamando a una amiga ahora?*
The cat is eating.	*El gato está comiendo.*
It isn't raining.	*No está lloviendo.*

¿SABÍAS QUE...?

Alaska es el estado más extenso de los EE.UU. y el que tiene la mayor cantidad de litoral, que es superior a la de todos los demás estados juntos.

II) También indica una acción que transcurre en un momento cercano al actual, aunque no sea en el momento preciso de hablar.

He's reading *War and Peace.*	*Él está leyendo "Guerra y Paz".*
We're studying French.	*Estamos estudiando francés.*

III) El presente continuo también se utiliza para expresar futuro, pero este apartado se tratará más adelante.

d Pronombres personales objeto

Al tratarse de pronombres, sustituyen a nombres, pero, a diferencia de los pronombres personales sujeto, los pronombres objeto no realizan la acción, sino que la reciben.

Pronombres sujeto (preceden al verbo)		**Pronombres objeto** (siguen al verbo)	
I	→	**me**	*(me, a mí)*
you	→	**you**	*(te, a ti, le, a usted)*
he	→	**him**	*(le, lo, a él)*
she	→	**her**	*(le, la, a ella)*
it	→	**it**	*(le, lo, la, a ello)*
we	→	**us**	*(nos, a nosotros/as)*
you	→	**you**	*(los, las, les, a ustedes)*
they	→	**them**	*(los, las, les, a ellos/as)*

Alaska is the largest state in the United States and has the country's longest coastline. Its coastline is longer than that of all the other states combined.

Podemos ver que tres pronombres tienen la misma forma, bien sean sujeto u objeto [**you** (singular), **it**, **you** (plural)].

Los pronombres personales objeto se colocan:

I) Tras el verbo:

She is helping **me**.	*Ella me está ayudando.*
I am loving **you**.	*Te estoy amando.*
They are giving **him** a book.	*Ellos le están dando un libro (a él).*
You are teaching **us** English.	*Tú nos estás enseñando inglés.*

II) Tras una preposición:

He's looking at **us**.	*Él está mirándonos.*
They are going to the movies with **her**.	*Ellos van al cine con ella.*
This present is for **you**.	*Este regalo es para ti (usted).*

APRENDE VOCABULARIO

Reviewing demonstrative adjectives — *Revisión de los adjetivos demostrativos*

This.	*Este / esta.*
This book.	*Este libro.*
This shirt.	*Esta camisa.*
These.	*Estos /estas.*
These books.	*Estos libros.*
These shirts.	*Estas camisas.*
That.	*Ese / esa.*
That table.	*Esa mesa.*
That car.	*Ese auto.*
Those.	*Esos / esas.*
Those tables.	*Esas mesas.*
Those cars.	*Esos autos.*

RACTICA TU PRONUNCIACIÓN

The face *La cara*

Cheek.	*Mejilla.*
Chin.	*Barbilla.*
Ear.	*Oreja.*
Eye.	*Ojo.*
Forehead.	*Frente.*
Hair.	*Cabello.*
Lips.	*Labios.*
Mouth.	*Boca.*
Nose.	*Nariz.*
Skin.	*Piel.*
Teeth.	*Dientes.*
Tooth.	*Diente.*
Blond / Blonde.	*Rubio / Rubia.*
Brown.	*Castaño.*
Gray.	*Canoso.*
Red hair.	*Pelirrojo.*
Long.	*Largo.*
Short.	*Corto.*
Straight.	*Lacio.*
Curly.	*Enrulado.*
John is blond.	*John es rubio.*
Karen has long hair.	*Karen tiene cabello largo.*
He has green eyes.	*El tiene ojos verdes.*
Her eyes are blue.	*Sus ojos son azules.*
His eyes are big and brown.	*Sus ojos son grandes y marrones.*

Practica ahora tu pronunciación en http://inglesamerica.com/

UNIDAD

04

EN ESTA UNIDAD ESTUDIAREMOS

LET'S SPEAK ENGLISH

a. Vocabulario: la familia.
b. Descripción de la cara.
c. Números del 1 al 50.
d. Preguntar y responder acerca de la edad.

GRAMÁTICA FÁCIL

a. El artículo indeterminado **"a / an"** (*un, una*).
b. Presente del verbo **"to have"** (*tener, haber*). **"Have"** y **"have got"**.
c. Adjetivos posesivos.
d. Los verbos **"be like"** y **"look like"**.
e. Adjetivos relativos a la personalidad y al aspecto físico.

DIÁLOGO

Mike tiene una charla con su compañera de trabajo, Linda, sobre sus familias.

Mike: **Do you have** any **brothers** or **sisters**, Linda?
Linda: Yes, **I have two brothers** and **a sister.**
Mike: Do they **look like** you?
Linda: **My sister looks like** me, but **my brothers have dark hair** and **brown eyes.** They **look like my father.**
Mike: **What does your mother look like**?
Linda: **She's got long blonde hair** and **blue eyes**, like me.
Mike: **How old are your brothers and sister?**
Linda: **My sister is twenty-eight years old**, and **my brothers are thirty and thirty-five. My brothers** are **funny** and **extroverted**, but **my sister** is **shy** and **quiet.**
Mike: Well, **I'm like my father. My face** is **long,** like his. **He's sixty-three years old,** and **he's** very **tall** and **thin.**

***Mike**: ¿Tienes hermanos o hermanas, Linda?*
***Linda**: Sí, tengo dos hermanos y una hermana.*
***Mike**: ¿Se parecen a ti?*
***Linda**: Mi hermana se parece a mí, pero mis hermanos tienen el cabello oscuro y los ojos marrones. Se parecen a mi padre.*
***Mike**: ¿Y cómo es tu madre?*
***Linda**: Ella tiene el cabello rubio y largo y los ojos azules, como yo.*
***Mike**: ¿Qué edad tienen tus hermanos y tu hermana?*
***Linda**: Mi hermana tiene veintiocho años y mis hermanos tienen treinta y treinta y cinco. Mis hermanos son divertidos y extrovertidos, pero mi hermana es tímida y callada.*
***Mike**: Bueno, yo soy como mi padre. Mi cara es alargada, como la suya. Él tiene sesenta y tres años, y es muy alto y delgado.*

Linda: Are you **like your mother**?

Mike: Yes. I'm **talkative like her**, but she's **blonde** and I'm **dark.**

Linda: I'm **like my grandmother**. She's **cheerful** and **absent-minded**, **like** me. **My grandfather** is **quiet** and **intelligent.**

Mike: **How old are you**, Linda?

Linda: **I'm thirty-six years old.** And you?

Mike: **I'm thirty-one.**

Linda: **Do you have a** pet?

Mike: Yes, **I have a** cat. It's very **fat. It looks like me**!

Linda: You're not **fat!**

Mike: Ha, ha. Thanks, Linda!

Linda: **I have a** dog and **a** goldfish. I like animals.

Mike: Me too. **My cat is three years old**. **How old is your dog?**

Linda: **Rusty is only eight months old**. He's very young.

***Linda**: ¿Te pareces a tu madre?*

***Mike**: Sí. Soy hablador como ella, pero ella es rubia y yo soy moreno.*

***Linda**: Yo soy como mi abuela. Ella es alegre y distraída, como yo. Mi abuelo es tranquilo e inteligente.*

***Mike**: ¿Qué edad tienes, Linda?*

***Linda**: Tengo treinta y seis años. ¿Y tú?*

***Mike**: Tengo treinta y uno.*

***Linda**: ¿Tienes mascota?*

***Mike**: Sí, tengo un gato. Está muy gordo. ¡Se me parece!*

***Linda**: ¡No estás gordo!*

***Mike**: Ja, ja. ¡Gracias, Linda!*

***Linda**: Yo tengo un perro y un pez. Me gustan los animales.*

***Mike**: A mí también. Mi gato tiene tres años. ¿Qué edad tiene tu perro?*

***Linda**: Rusty tiene solo ocho meses. Es muy joven.*

LET'S SPEAK ENGLISH

a Vocabulario: La familia - *The family*

My family tree

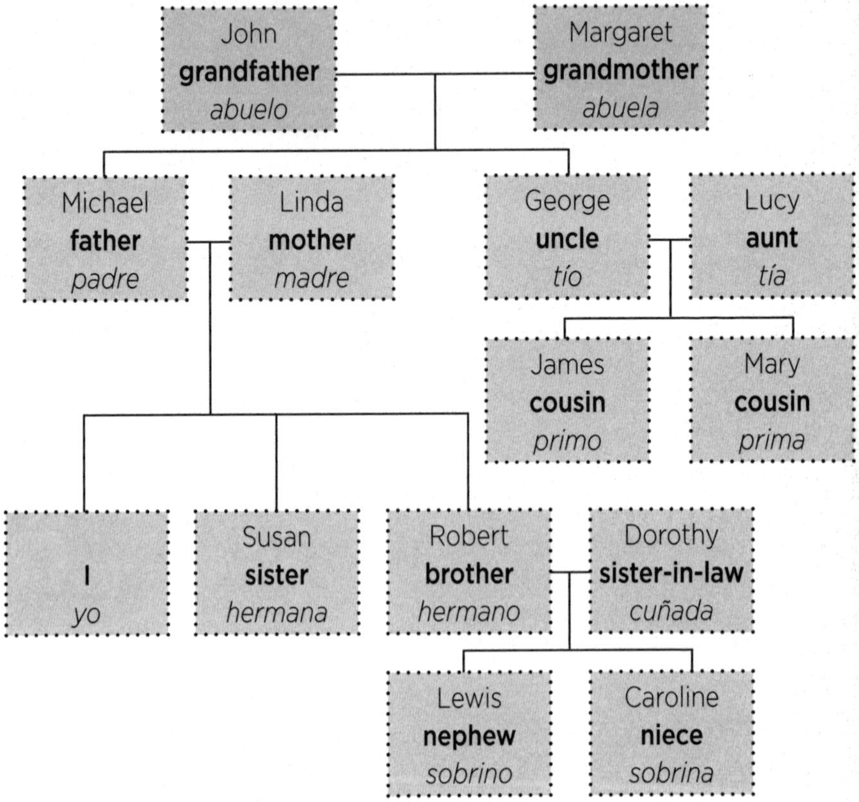

Hay más términos relacionados con la familia:

parents	*padres*	**children**	*hijos*
son	*hijo*	**daughter**	*hija*
grandparents	*abuelos*	**grandchildren**	*nietos*
husband	*esposo*	**wife**	*esposa*
brother-in-law	*cuñado*	**sister-in-law**	*cuñada*
father-in-law	*suegro*	**mother-in-law**	*suegra*
boyfriend	*novio*	**girlfriend**	*novia*

Where can you simulate riding aboard a space shuttle or in an F-18 Super Hornet jet fighter? At the Smithsonian Air & Space Museum, you can do both, as well as view actual aircraft and spacecraft throughout aviation and aeronautics history, touch a moon rock, visit the Planetarium, or view a movie on a five-story-high screen in the IMAX theater!

¿Dónde puedes simular estar a bordo de un transbordador espacial o de un avión F-18 Super Hornet jet fighter? En el Museo del Aire y el Espacio de Smithsonian puedes hacer ambas cosas, así como contemplar aviones y naves espaciales reales de la historia de la aviación y la aeronáutica, tocar una roca lunar, visitar el Planetario, io ver una película en una pantalla de una altura de cinco pisos en la sala de cine IMAX!

b Descripción de la cara

A continuación estudiaremos el vocabulario relativo a las partes de la cara y algunos adjetivos para su descripción.

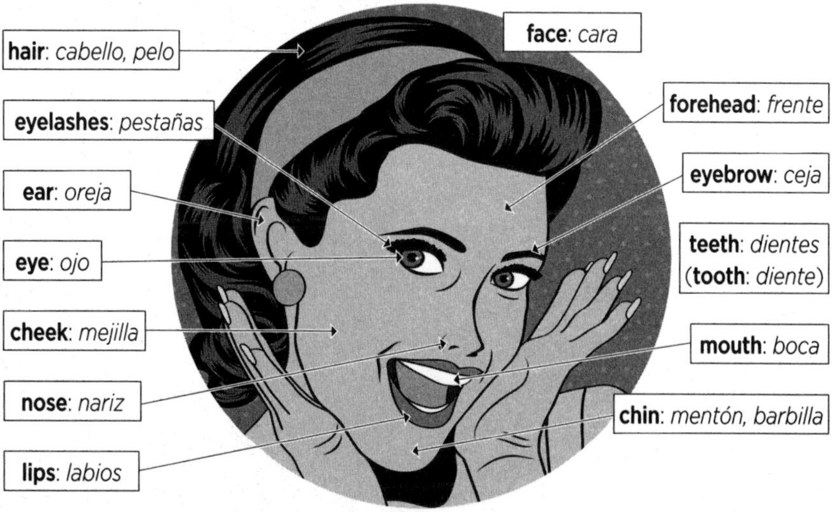

¿SABÍAS QUE...?

Los días feriados bancarios normalmente coinciden con los días feriados a nivel federal, ya que la mayoría de los bancos se rige por el calendario de días feriados de la Reserva Federal.

Al hablar sobre el cabello es frecuente usar algunos de los siguientes adjetivos:

- Color: **black** *(negro)*, **dark** *(oscuro)*, **brown** *(castaño)*, **blonde** / **fair** *(rubio)*, **red** *(pelirrojo)*.
- Forma: **straight** *(liso, lacio)*, **curly** *(enrulado, rizado)*, **wavy** *(ondulado)*.
- Tamaño: **long** *(largo)*, **short** *(corto)*.

Si hablamos de los ojos, éstos pueden ser:

- Color: **brown** *(marrones)*, **blue** *(azules)*, **green** *(verdes)*, **black** *(negros)*.
- Tamaño: **big** *(grandes)*, **small** *(pequeños)*.

Cuando usemos varios de estos adjetivos en una frase, el orden de dichos adjetivos será "tamaño - forma - color":

She has **long, curly blonde** hair.

Ella tiene el pelo largo, enrulado, y rubio.

I have **small brown** eyes.

Tengo los ojos pequeños y marrones.

Bank holidays are usually the same as federal holidays, since most banks follow the holiday calendar of the U.S. Federal Reserve.

c Números del 1 al 50

1 one	11 eleven	21 twenty-one
2 two	12 twelve	22 twenty-two
3 three	13 thirteen	23 twenty-three
4 four	14 fourteen	24 twenty-four
5 five	15 fifteen	30 thirty
6 six	16 sixteen	31 thirty-one
7 seven	17 seventeen	37 thirty-seven
8 eight	18 eighteen	40 forty
9 nine	19 nineteen	49 forty-nine
10 ten	20 twenty	50 fifty

A partir del número 21, entre las decenas y las unidades aparece un guión.

d Preguntar y responder acerca de la edad

Para preguntar la edad de alguien usamos **"how old?"** *(¿qué edad?)* y el **verbo "to be"**:

How old <u>are</u> you? — *¿Qué edad tienes? / ¿Cuántos años tienes?*
How old <u>is</u> your mother? — *¿Qué edad tiene tu madre?*

Para responder:

I <u>am</u> twenty-seven (years old). — *Tengo 27 años.*
My mother <u>is</u> fifty-nine (years old). — *Mi madre tiene 59 años.*

Vimos al final de la unidad 1 que el verbo **"to be"** podía equivaler a "tener" en algunas expresiones, como ocurre en este caso, al hablar sobre la edad.

¿SABÍAS QUE...?

En 1886 la Coca-Cola fue inventada por un farmacéutico en Atlanta, que elaboró un líquido aromático de color caramelo y lo mezcló con soda. Su contable lo llamó Coca-Cola, ¡y el resto es historia!

GRAMÁTICA FÁCIL

a El artículo indeterminado "a / an" (un, una)

I) Se utiliza delante de un nombre contable en singular, cuando nos refiramos a él por primera vez:

This is **a** book.	*Esto es un libro.*
He is **a** boy.	*Es un muchacho.*

II) También se usa al hablar de profesiones u ocupaciones (cuando el sujeto sea singular):

She is **a** teacher.	*Ella es profesora.*
I'm **a** student.	*Soy estudiante.*

III) En muchos casos equivale a **"one"** (uno):

I have **a** car.	*Tengo un auto.*

IV) Se utiliza **"a"** delante de palabras que comienzan por consonante (sonido consonántico):

It is **a** dog.	*Es un perro.*
They have **a** big house.	*Ellos tienen una casa grande.*

V) Se utiliza **"an"** delante de palabras que comiencen por vocal (sonido vocálico) o "h" muda.

It is **an** egg.	*Es un huevo.*
He is **an** architect.	*Él es arquitecto.*
I exercise for **an** hour.	*Hago ejercicio durante una hora.*

In 1886, Coca-Cola was invented by a pharmacist in Atlanta, who created a ragrant, caramel-colored liquid and mixed it with carbonated water. His bookkeeper amed it Coca-Cola, and the rest is history!

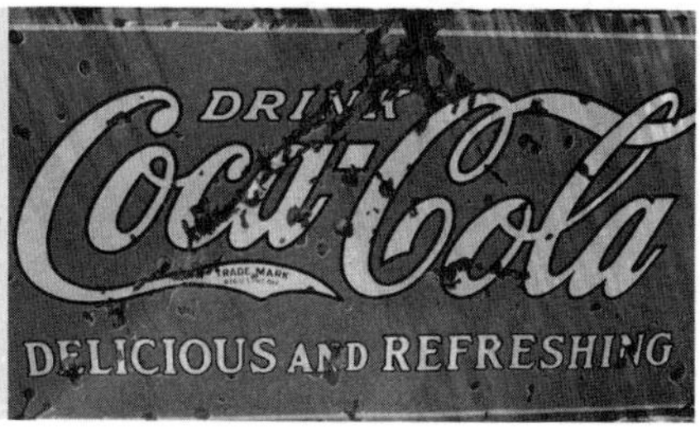

b Presente del verbo "to have" (tener, haber). "Have" y "have got"

Por el momento, vamos a considerar a **"to have"** como "tener".
La forma afirmativa del presente del verbo **"to have"** es:

I	**have**	*yo tengo*	we	**have**	*nosotros/as tenemos*
you	**have**	*tú tienes, usted tiene*	you	**have**	*ustedes tienen*
he	**has**	*él tiene*			
she	**has**	*ella tiene*	they	**have**	*ellos/as tienen*
it	**has**	*tiene*			

Podemos ver que el verbo es igual (**have**) para todas las personas, excepto para la tercera del singular (**he**, **she**, **it**), que es **"has"**.

I **have** a brother and a sister. — *Tengo un hermano y una hermana.*
She **has** an old car. — *Ella tiene un auto antiguo.*
They **have** a pet. — *Ellos tienen una mascota.*

Los verbos **"to have"** y **"to have got"** son sinónimos. Así, podemos decir:

We **have** a small apartment. — *Tenemos un apartamento pequeño.*
We **have got** a small apartment.

He **has** big black eyes. — *Él tiene los ojos grandes y negros.*
He **has got** big black eyes.

En la forma afirmativa hay una pequeña diferencia entre ellos: **"to have"** no se puede contraer con el sujeto, pero **"to have got"**, sí. Las contracciones son **"'ve got"** (have got) y **"'s got"** (has got).

We**'ve got** a small apartment.
He**'s got** big black eyes.

¿SABÍAS QUE...?

El Parque Nacional Cueva del Mamut, en Kentucky, cuenta con el sistema de cuevas más extenso del mundo. Con más de 390 millas (630 km) de corredores, este sistema de cuevas alberga más de 130 especies.

En este punto hay que tener cuidado de no confundir la contracción de **"is"** con la de **"has (got)"**, ya que ambas son iguales: **"'s"**.

He**'s** a good athlete. (is)	*Él es un buen atleta.*
He**'s** got a camera. (has)	*Él tiene una cámara.*

"To have" y **"to have got"** también son un poco diferentes en negaciones y preguntas:

I don't have a racing car = I **haven't got** a racing car.
Yo no tengo un auto de carreras.
She **doesn't have** a good computer = She **hasn't got** a good computer.
Ella no tiene una buena computadora.
Do you **have** a credit card? = **Have** you **got** a credit card?
¿Tienes tarjeta de crédito?
Does he **have** a sister? = **Has** he **got** a sister?
¿Tiene él una hermana?

C Adjetivos posesivos

Como ya indicamos en la unidad 2, estos adjetivos indican posesión y siempre acompañan a un nombre. En dicha unidad estudiamos solo dos de ellos (**my**, **your**), pero a continuación los trataremos todos.

my	*mi, mis*	**our**	*nuestro/a/os/as*
your	*tu, tus, su, sus (de usted)*	**your**	*su, sus (de ustedes)*
his	*su, sus (de él)*		
her	*su, sus (de ella)*	**their**	*su, sus (de ellos/as)*
its	*su, sus (de ello)*		

That's **your** coat.	*Ése es tu abrigo.*
Peter isn't **his** cousin.	*Peter no es su primo (de él).*
Her name is Susan.	*Su nombre es Susan.*
Is this **our** classroom?	*¿Es esta nuestra clase?*
Michael is **their** son.	*Michael es su hijo (de ellos).*

Mammoth Cave National Park, in Kentucky, is home to the longest known cave system in the world. With over 390 miles (630 km) of passageways, the cave system is also home to more than 130 species.

d Los verbos "to be like" y "to look like"

Estos dos verbos significan "parecerse a / ser como", pero **"to be like"** se refiere a la personalidad o al carácter, mientras que **"to look like"** se refiere al parecido físico.

She **is like** her mother: shy and quiet.
Ella es como su madre: tímida y callada.

We **look like** our grandfather.
Nos parecemos físicamente a nuestro abuelo.

e Adjetivos relativos a la personalidad y al aspecto físico

Personalidad		Aspecto físico	
shy	*tímido*	**tall**	*alto*
extroverted	*extrovertido*	**short**	*bajo*
quiet	*callado, tranquilo*	**thin, slim**	*delgado*
talkative	*hablador*	**fat, overweight**	*gordo*
nice	*simpático, agradable*	**handsome**	*bello (hombre)*
funny	*divertido*	**pretty**	*bella (mujer)*
intelligent	*inteligente*	**ugly**	*feo*
cheerful	*alegre*		
absent-minded	*distraído*		

They are very **talkative.** — *Ellos son muy habladores.*

She looks like me. We are **tall** and **thin**. — *Ella se parece a mí. Somos altas y delgadas.*

William is very **funny**. — *William es muy divertido.*

Brenda is **pretty**, but she isn't **extroverted**. — *Brenda es linda, pero no es extrovertida.*

UNIDAD

05

EN ESTA UNIDAD ESTUDIAREMOS

LET'S SPEAK ENGLISH

a. Preguntar y responder sobre el trabajo.
b. Expresiones al recibir invitados.

GRAMÁTICA FÁCIL

a. El presente simple.
b. Adverbios de frecuencia.
c. Pronombres interrogativos.

DIÁLOGO

Bill es un amigo de Mark, el marido de Mary, y es el primero en llegar a la fiesta que celebran en su casa.

Mary: Hello! You must be Bill. **Come in, please. Can I take your coat?**

Bill: Yes, please. It's nice to meet you, Mary. Mark **talks** a lot about you.

Mary: Mark **is** at the supermarket buying some wine. He'll be back soon. **Help yourself to** a drink. There's beer or fruit juice.

Bill: I **think** I'll have a beer. Tell me, Mary, **what do you do?**

Mary: **I'm an** elementary school teacher. It's good because I **like** children. **Do you like** children?

Bill: Yes, but I **don't think** I could be a teacher. By the way, Mary, this is a lovely place.

Mary: Come on, **I'll show you around the house.** This is the living room.

Bill: **What beautiful pictures**! **Who** is the artist?

Mary: My brother. He **usually paints** on weekends. He **sells** his paintings in a gallery, but **sometimes** he **gives** them to us.

Bill: **Do you paint** as well?

***Mary**: Hola. Debes ser Bill. Pasa, por favor. ¿Me puedes dar tu abrigo?*

***Bill**: Sí, por favor. Encantado de conocerte, **Mary**. Mark habla mucho de ti.*

***Mary**: Mark está en el supermercado, comprando vino. Volverá pronto. Sírvete una bebida. Hay cerveza o jugo de frutas.*

***Bill**: Creo que tomaré una cerveza. Dime, Mary, ¿a qué te dedicas?*

***Mary**: Soy profesora de una escuela primaria. Está bien porque me gustan los niños. ¿Te gustan los niños a ti?*

***Bill**: Sí, pero no creo que pudiera ser profesor. Por cierto, Mary, éste es un lugar encantador.*

***Mary**: Vamos, te enseñaré la casa. Éste es el salón.*

***Bill**: ¡Qué cuadros tan bonitos! ¿Quién es el artista?*

***Mary**: Mi hermano. Él normalmente pinta los fines de semana. Vende sus pinturas en una galería, pero, a veces, nos las da.*

***Bill**: ¿Pintas tú también?*

Mary: No, I **don't like** painting, but I **sometimes play** the piano.

Bill: How interesting! And, is this your bedroom?

Mary: Yes, it is.

Bill: **What a lovely view**!

Mary: Yes. We **always see** the park and the trees when we **wake up**. It's nice. **Where** do you live, Bill?

Bill: I **live** downtown, but I **don't like** it very much. It's very noisy.

Mary: Yes, it's very quiet here.

Bill: **What a lovely house**, Mary! You're very lucky.

Mary: Thank you very much, Bill. Let's sit down and have a drink before the other guests arrive.

Bill: **Do** you **want** me to help you with the food?

Mary: Well ... Yes, please! Let's go to the kitchen, then.

***Mary**: No, no me gusta la pintura, pero a veces toco el piano.*

***Bill**: ¡Qué interesante! Y, ¿es éste tu dormitorio?*

***Mary**: Sí.*

***Bill**: ¡Qué vista tan bonita!*

***Mary**: Sí, siempre vemos el parque y los árboles cuando nos despertamos. Es bonito. ¿Dónde vives tú, Bill?*

***Bill**: Vivo en el centro de la ciudad, pero no me gusta mucho. Hay mucho ruido.*

***Mary**: Sí, aquí esto es muy tranquilo.*

***Bill**: ¡Qué casa tan bonita, Mary! Tienen mucha suerte.*

***Mary**: Muchas gracias, Bill. Sentémonos y bebamos algo antes de que lleguen los otros invitados.*

***Bill**: ¿Quieres que te ayude con la comida?*

***Mary**: Bueno... ¡Sí, por favor! Vayamos entonces a la cocina.*

LET'S SPEAK ENGLISH

a Preguntar y responder sobre el trabajo

Para preguntar a alguien cuál es su trabajo podemos utilizar:

What is your job? = What's your job? *¿Cuál es tu trabajo?*
What do you do? *¿Qué haces? / ¿A qué te dedicas?*

Y a ambas preguntas se puede responder: **"I am a + profesión"**.

I am a student (teacher, painter ...). *Soy estudiante (profesor, pintor ...).*

Recuerda que al hablar de profesiones u ocupaciones hay que colocar el artículo **"a / an"** delante de la profesión, siempre que el sujeto sea una sola persona. Este artículo no se traduce en español.

Visit http://www.si.edu/ to plan your visit or explore its collections online. Also check out its 30+ mobile apps, digital magazines, and more than 9.9 million images and records on the Collections Search Center site. Join the millions of people who follow the Smithsonian on social media!

Accede a la página http://www.si.edu/ para planificar tu visita o descubrir sus colecciones en internet. Además, explora sus más de treinta aplicaciones móviles, revistas digitales y más de 9,9 millones de imágenes y documentos en el Collections Search Center. ¡Únete a los millones de personas que siguen al Smithsonian en las redes sociales!

What's your job? I'm **a** designer. *¿Cuál es tu trabajo? Soy diseñador.*
What's her job? She's **an** artist. *¿Cuál es su trabajo? Ella es artista.*

Pero este artículo no aparece cuando el sujeto es plural:

What do they do? They are carpenters.
¿Cuál es su trabajo (de ellos)? Ellos son carpinteros.

b Expresiones al recibir invitados

Al recibir invitados en casa podemos utilizar distintas expresiones:

- Al recibirlos:

Welcome to my home! *¡Bienvenido/s a mi casa!*
Come in, please! *Pase/n, por favor.*
Can I take your coat? *¿Pueden darme sus abrigos?*
Let me take your umbrellas. *Permítanme sus paraguas.*

¿SABÍAS QUE...?

En todos los estados, salvo en Dakota del Norte, has de registrarte antes de poder votar. Te puedes registrar en persona, por correo o en línea. Asegúrate de registrarte antes de la fecha límite, que puede ser diferente según el estado donde residas.

- Al invitarlos a que se sirvan comida o bebida:

Si es una persona:	**Help yourself**.	*Sírvete. / Sírvase. (usted)*
Si son varias personas:	**Help yourselves**.	*Sírvanse (ustedes)*

Si añadimos la comida o bebida, aparece **"to"**:

Help yourselves **to** a drink, please.
Sírvanse algo para beber, por favor.

- Para mostrarles la vivienda:

I'll show you around the house. (informal)
Te mostraré la casa.
Let me show you around the house. (formal)
Permítanme mostrarles la casa.

Los invitados pueden corresponder con expresiones como éstas:

¡Qué + nombre + más / tan + adjetivo!

What a/an + adjetivo + nombre!

What a lovely house! *¡Qué casa más bonita!*

What a nice view!	*¡Qué vista tan bella!*
What an expensive vase!	*¡Qué jarrón tan caro!*

Pero si el nombre es plural, no aparece el artículo **"a"**.

What big rooms!	*¡Qué habitaciones tan grandes!*
What beautiful pictures!	*¡Qué cuadros tan bonitos!*

In all states except North Dakota, you must register before you can vote. You can register to vote in person, by mail, or online. Make sure to register by the registration deadline, which may be different depending on the state where you live.

GRAMÁTICA FÁCIL

a El presente simple

Ya hemos estudiado el presente simple del verbo **"to be"** para indicar situaciones o estados y del verbo **"to have"** para indicar posesiones.

My uncle **is** a teacher.	*Mi tío es profesor.*
They **have** two children.	*Ellos tienen dos hijos.*

¿SABÍAS QUE...?

El *Mayflower* fue el barco que transportó en 1620 a los peregrinos protestantes desde Inglaterra hasta la costa de lo que hoy es Plymouth, Massachusetts, formando la primera colonia.

A continuación veremos que el **presente simple** se usa para expresar **acciones habituales o rutinarias**.

1) En frases afirmativas se forma con el **infinitivo** del verbo (sin **"to"**), que es invariable para todas las personas, excepto para la 3ª persona del singular (**he**, **she**, **it**), donde se añade una **"s"**. Así:

[**"To eat"**: comer]

I	**eat**	*yo como*	we	**eat**	*nosotros/as comemos*
you	**eat**	*tú comes, usted come*	you	**eat**	*ustedes comen*
he	**eats**	*él come*			
she	**eats**	*ella come*	they	**eat**	*ellos/as comen*
it	**eats**	*come*			

We **eat** a lot of fish.
Nosotros comemos mucho pescado.

She **lives** in New Mexico.
Ella vive en Nuevo México.

I **play** basketball.
Yo juego al baloncesto.

He **works** from Monday to Friday.
Él trabaja de lunes a viernes.

The dog **drinks** a lot of water.
El perro bebe mucha agua.

They **study** English.
Ellos estudian inglés.

The *Mayflower* was the ship that in 1620 transported Protestant Pilgrims from England to the coast of what today is Plymouth, Massachusetts, forming the first colony.

II) En frases negativas, se utiliza el auxiliar **"don't"** delante del **infinitivo** para todas las personas, excepto para la 3ª persona del singular (**he**, **she**, **it**), que usa **"doesn't"**. En este último caso el infinitivo no añade una "s". Tanto **"don't"** como **"doesn't"** equivalen a "no" en español.

I **don't like** wine.	*No me gusta el vino.*
You **don't live** in Spain.	*Tú no vives en España.*
He **doesn't play** the piano.	*Él no toca el piano.*
She **doesn't get up** at seven.	*Ella no se levanta a las siete.*
The machine **doesn't work** properly.	*La máquina no funciona correctamente.*
We **don't study** German.	*No estudiamos alemán.*
You **don't exercise.**	*Ustedes no hacen ejercicio.*
They **don't work** in Miami.	*Ellos no trabajan en Miami.*

III) En preguntas, se coloca el auxiliar **"do"** delante del sujeto, o **"does"** si es 3ª persona del singular (**he**, **she**, **it**), y el **verbo en infinitivo**. En este caso, ni **"do"** ni **"does"** tienen traducción en español, sino que son la marca de pregunta.

Do I **spend** a lot of money?	*¿Gasto mucho dinero?*
Do you **understand**?	*¿Comprendes?*
Does he **have** a blue car?	*¿Tiene él un auto azul?*
Does she **like** vegetables?	*¿Le gustan los vegetales (a ella)?*
Does it **rain** in winter?	*¿Llueve en invierno?*
Do we **go** to bed late?	*¿Nos vamos a dormir tarde?*
Do you **speak** French?	*¿Hablan ustedes francés?*
Do they **watch** television?	*¿Ven ellos la televisión?*

¿SABÍAS QUE...?

El Gran Cañón está considerado como una de las maravillas naturales del mundo. Fue excavado durante millones de años por el río Colorado, y está situado en el Parque Nacional del Gran Cañón, en el norte de Arizona.

b Adverbios de frecuencia

Estos adverbios nos indican la frecuencia con la que tiene lugar una acción. Entre ellos están:

always	*siempre*
usually	*normalmente*
generally	*generalmente*
sometimes	*a veces*
rarely	*pocas veces*
hardly ever / almost never	*casi nunca*
never	*nunca*

Se colocan detrás del verbo **"to be"**, si éste aparece en la frase, o delante del verbo, si éste es otro.

I am **usually** at work at nine.	*Normalmente estoy en el trabajo a las nueve.*
You **rarely** wash your car.	*Lavas tu auto pocas veces.*
He is **never** late.	*Él nunca llega tarde.*
Does she **always** buy the newspaper?	*¿Ella siempre compra el periódico?*
They **sometimes** watch the news on TV.	*Ellos a veces ven las noticias en televisión.*

El adverbio **"sometimes"** también se puede usar al principio o al final de la oración. Así, I **sometimes** go to the gym. = **Sometimes** I go to the gym. = I go to the gym **sometimes**.

A veces voy al gimnasio.

The Grand Canyon is considered one of the natural wonders of the world. It was carved over millions of years by the Colorado River, and it is located in Grand Canyon National Park in northern Arizona.

C Pronombres interrogativos

Los pronombres interrogativos son palabras que utilizamos al principio de las preguntas para demandar información acerca de cosas, personas, lugares, momentos, etc. Básicamente son:

What? → *¿Qué? / ¿Cuál?*
Who? → *¿Quién?*
Where? → *¿Dónde?*
When? → *¿Cuándo?*
Why? → *¿Por qué?*
Whose? → *¿De quién?*
Which? → *¿Qué? / ¿Cuál?*
How? → *¿Cómo?*

What is your name? *¿Cuál es tu nombre?*
Who is that woman? *¿Quién es esa mujer?*
Where is the car? *¿Dónde está el auto?*
When is your birthday? *¿Cuándo es tu cumpleaños?*
Why are they here? *¿Por qué están ellos aquí?*
Whose are those books? *¿De quién son esos libros?*
Which is your pencil? *¿Cuál es tu lápiz?*
How are you? *¿Cómo estás?*

APRENDE VOCABULARIO

Reviewing possessive adjectives *Revisión de los adjetivos posesivos*

My.	*Mi.*
Your.	*Tu.*
His.	*Su (de él).*
Her.	*Su (de ella).*
Its.	*Su (de ello).*
Our.	*Nuestro/a.*
Your.	*Vuestro.*
Their.	*Su (de ellos/as).*
My car.	*Mi auto.*
Your book.	*Tu libro.*
His TV.	*Su televisión.*
Our house.	*Nuestra casa.*

PRACTICA TU PRONUNCIACIÓN

Essential verbs	*Verbos esenciales*
Be.	*Ser /Estar.*
Go.	*Ir.*
Come.	*Venir.*
Have.	*Tener.*
Get.	*Conseguir.*
Help.	*Ayudar.*
Love.	*Amar.*
Like.	*Gustar.*
Want.	*Querer.*
Buy.	*Comprar.*
Sell.	*Vender.*
Read.	*Leer.*
Write.	*Escribir.*
Drink.	*Beber.*
Eat.	*Comer.*
Open.	*Abrir.*
Close.	*Cerrar.*
Look at.	*Mirar.*

Practica ahora tu pronunciación en http://inglesamerica.com/

UNIDAD

06

EN ESTA UNIDAD ESTUDIAREMOS

LET'S SPEAK ENGLISH

a. Partes del día.
b. Preguntar la frecuencia con que se realizan acciones.
c. Actividades físicas y deporte.

GRAMÁTICA FÁCIL

a. Tercera persona del presente simple.
b. Expresar agrado y desagrado.
c. **"Also"**, **"too"** y **"as well"**.

DIÁLOGO

Susan y James se encuentran en el centro deportivo.

Susan: Wow! It's hard work **exercising in the morning**!

James: Yes, it is! **How often** do you come to the gym?

Susan: **Twice a week**. And you?

James: I come to the gym **four times a week, usually in the afternoon**. I really **enjoy** it.

Susan: I **enjoy** the gym **as well.**

James: Do you do any other exercise?

Susan: I **play tennis once a week**, with my sister. She works during the week, so we play **on weekends**.

James: I **like** tennis **too**, but I **rarely** play. I **usually** watch it on television.

Susan: Do you **like playing baseball**?

James: No, I **hate baseball**.

Susan: Me **too**. I **don't like watching** it on television either. It's boring. I **like going swimming.**

***Susan**: ¡Uf! ¡Es duro hacer ejercicio por la mañana!*

***James**: ¡Sí que lo es! ¿Con qué frecuencia viene usted al gimnasio?*

***Susan**: Dos veces a la semana. ¿Y usted?*

***James**: Yo vengo al gimnasio cuatro veces a la semana, normalmente por la tarde. Realmente lo disfruto.*

***Susan**: Yo también disfruto del gimnasio.*

***James**: ¿Hace usted otro ejercicio?*

***Susan**: Juego al tenis una vez a la semana, con mi hermana. Ella trabaja durante la semana, por lo que jugamos los fines de semana.*

***James**: A mí también me gusta el tenis, pero juego pocas veces. Normalmente lo veo por televisión.*

***Susan**: ¿Le gusta jugar al béisbol?*

***James**: No. Odio el béisbol.*

***Susan**: Yo, también. No me gusta verlo en televisión tampoco. Es aburrido. Me gusta ir a nadar.*

James: I **love** swimming **as well**! **How often** do you **go swimming**, Susan?

Susan: I **usually** go **three times a week,** when I have time. My husband **comes too**, but he only **watches** because he **doesn't like** swimming.

James: **How often** does your husband **exercise**?

Susan: Well, he **plays** tennis with me and my sister **on weekends.** He **also likes doing karate**.

James: He **does karate**?

Susan: Yes, he does. He **takes** classes here, at the recreation center, **every Thursday**.

James: I **enjoy** karate. I think I'll come to the classes **as well**.

Susan: My husband **says** they're very good. He **likes** them a lot.

James: Well, I'm going home now. Nice talking to you, Susan.

Susan: And to you too, James. Bye!

***James**: ¡Me encanta nadar, también! ¿Con qué frecuencia va a nadar, Susan?*

***Susan**: Normalmente voy tres veces a la semana, cuando tengo tiempo. Mi marido viene también, pero él solo mira porque no le gusta nadar.*

***James**: ¿Con qué frecuencia hace ejercicio su marido?*

***Susan**: Bueno, él juega al tenis conmigo y con mi hermana los fines de semana. A él también le gusta practicar karate.*

***James**: ¿Practica él karate?*

***Susan**: Sí. Toma clases aquí, en el centro deportivo, todos los jueves.*

***James**: Me gusta el karate. Creo que vendré a las clases también.*

***Susan**: Mi marido dice que son muy buenas. A él le gustan mucho.*

***James**: Bien, me voy a casa ahora. Un placer hablar con usted, Susan.*

***Susan**: Con usted también, James. ¡Adiós!*

LET'S SPEAK ENGLISH

a Partes del día - *Parts of the day*

Para expresar las distintas partes del día se usan estas expresiones:

- **in the morning** *por la mañana*
- **in the afternoon** *por la tarde*
- **in the evening** *por la noche (equivale a la tarde-noche)*
- **at night** *por la noche*

I usually get up at seven **in the morning**.	*Normalmente me levanto a las siete de la mañana.*
They work **in the afternoon**.	*Ellos trabajan por la tarde.*
She comes back home **in the evening**.	*Ella vuelve a casa por la tarde-noche.*
People sleep **at night**.	*La gente duerme por la noche.*

Did you know that it was Alexander Graham Bell, the inventor of the first practical telephone, who brought Smithson's bones and grave marker to the United States from Italy in 1904? Today you can pay your respects to Smithson in his crypt inside the Smithsonian Castle.

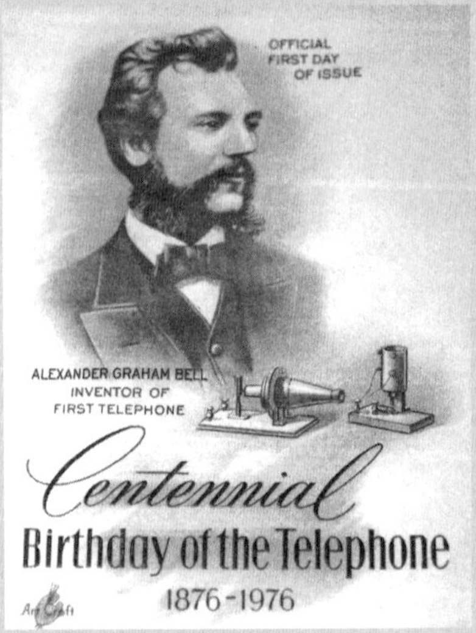

¿Sabías que Alexander Graham Bell, el inventor del primer teléfono práctico, fue quien trajo los restos y la lápida de James Smithson a los Estados Unidos desde Italia en 1904? Hoy se le puede rendir tributo en su cripta del Castillo Smithsonian.

b Preguntar la frecuencia con que se realizan acciones

Para preguntar por la frecuencia con que tienen lugar las acciones utilizamos **"how often?"** *(¿con qué frecuencia?).*

How often do you go to the theater? I **rarely** go to the theater.
¿Con qué frecuencia vas al teatro? Voy poco (pocas veces) al teatro.

How often does he play chess? He **never** plays chess.
¿Con qué frecuencia juega él al ajedrez? Él nunca juega al ajedrez.

How often does it rain here? It **usually** rains here.
¿Con qué frecuencia llueve aquí? Normalmente llueve aquí.

Una forma de responder a estas preguntas es con los adverbios de frecuencia, que estudiamos en la unidad anterior, pero otra forma es indicando la cantidad de veces que tiene lugar la acción. Así:

once	*una vez*
twice	*dos veces*

¿SABÍAS QUE...?

Para encontrar trabajo en los EE.UU. puedes contactar con tu "American Job Center" (centro de asistencia laboral) local para hablar con un asesor sobre herramientas de búsqueda de trabajo en línea, ferias de trabajo, bancos de trabajo en línea y anuncios en la prensa.

A partir de "tres veces", se usa el numeral y la palabra **"times"** (veces):

three times	*tres veces*
seven times	*siete veces*

Pero para indicar la cantidad de veces que se realiza la acción en un período de tiempo, se utiliza el artículo **"a"** y dicho período de tiempo:

once **a** month	*una vez al mes*
twice **a** year	*dos veces al año*
four times **a** week	*cuatro veces a la semana*

How often do you visit your grandparents? I visit them **three times a month**.
¿Con qué frecuencia visitas a tus abuelos? Los visito tres veces al mes.

How often does she go to the gym? She goes to the gym **twice a week**.
¿Con qué frecuencia va ella al gimnasio? Ella va al gimnasio dos veces a la semana.

C Actividades físicas y deporte

Para expresar actividades físicas y deportes usamos diferentes verbos, dependiendo de la actividad. De esta manera:

Si se practica con pelota, se usa el verbo **"to play"**:

play	soccer	*jugar (al)*	*fútbol*
	basketball		*baloncesto*
	baseball		*béisbol*
	tennis		*tenis*

He **plays** basketball on weekends.
Él juega al baloncesto los fines de semana.

To find a job in the United States, you can contact your local American Job Center to talk with a counselor about online job search tools, job fairs, online job banks, and newspaper job ads.

Si no se practica con pelota, se usa el verbo **"to go"** y la actividad en gerundio:

go	swimming	*(ir a) nadar*
	skating	*(ir a) patinar*
	horseback riding	*(ir a) montar a caballo*
	cycling	*(ir a) montar en bicicleta*

My sister **goes** swimming once a week.
Mi hermana va a nadar una vez a la semana.

Para otras actividades se utiliza **"to do"**:

do	yoga	*hacer yoga*
	pilates	*hacer pilates*
	kickboxing	*practicar kickboxing*
	judo, karate, etc	*practicar judo, karate, etc.*

I usually **do** yoga in the morning.
Normalmente hago yoga por la mañana.

¿SABÍAS QUE...?

Las primeras 10 enmiendas de la Constitución de los EE.UU. se denominan "Bill of Rights" (Carta de Derechos), y compendian los derechos y libertades básicos de los ciudadanos estadounidenses, como la libertad de expresión, religiosa y de prensa.

GRAMÁTICA FÁCIL

a La tercera persona del singular del presente simple

Como ya vimos en la unidad anterior, la 3ª persona del singular (**he**, **she**, **it**) del presente simple, en frases afirmativas, se forma añadiendo una **"s"** al infinitivo del verbo. Ésta es la regla general, pero hay algunas excepciones:

- Si el infinitivo acaba en **-s**, **-sh**, **-ch**, **-x**, **-o** y **-z**, se añade **"-es"**.

"To pass" *(aprobar)*:

He always **passes** his exams.
Él siempre aprueba sus exámenes.

"To wash" *(lavar)*:

She **washes** her hands before eating.
Ella se lava las manos antes de comer.

"To watch" (ver, mirar, observar):

He **watches** TV every evening.
Él ve televisión todas las noches.

"To do" *(hacer)*:

She never **does** her homework.
Ella nunca hace sus deberes.

"To go" *(ir)*:

My father **goes** to work by car.
Mi padre va a trabajar en auto.

The first 10 amendments of the U.S. Constitution are called the Bill of Rights. They outline the basic rights and freedoms of American citizens, including the freedom of speech, religion, and the press.

- Si el infinitivo acaba en **"-y"** precedida de vocal, se añade **"-s"**, pero si va precedida de una consonante, la **"y"** se transforma en **"i"** y se añade **"-es"**.

"To play" *(jugar, tocar un instrumento)*:

He **plays** tennis. *Él juega al tenis.*

"To cry" *(llorar)*:

The baby **cries** a lot. *El bebé llora mucho.*

b Expresar agrado y desagrado

Para expresar que algo o una acción nos agrada o desagrada utilizamos los siguientes verbos:

"love" *(encantar)*, **"like"** *(gustar)*, **"enjoy"** *(disfrutar [de])*, **"hate"** *(odiar)*.

Estos verbos pueden ir seguidos:

- de un nombre o pronombre:

I **love** old cars.
Me encantan los autos antiguos.

I **love** them.
Me encantan (ellos).

She **likes** coffee.
A ella le gusta el café.

She **likes** it.
A ella le gusta.

We **don't like** beer.
No nos gusta la cerveza.

We **don't like** it.
No nos gusta.

They **enjoy** their free time.
Ellos disfrutan de su tiempo libre.

They **enjoy** it.
Ellos lo disfrutan.

Your mother **hates** mice.
Tu madre odia los ratones.

Your mother **hates** them.
Tu madre los odia.

¿SABÍAS QUE...?

El único "palacio real" en los EE.UU. es Iolani, construido en 1882 por el rey David Kalakaua y su esposa, la reina Kapiolani, en Hawai. ¡La residencia tuvo electricidad y teléfonos antes que la Casa Blanca!

- de un verbo, es decir, de una acción. En este caso esta acción se expresa en gerundio **(infinitivo + ing**), aunque en español suela expresarse en infinitivo.

Your brother **loves** swimming.	*A tu hermano le encanta nadar.*
I **like** getting up early.	*Me gusta levantarme temprano.*
He **doesn't like** skating.	*A él no le gusta patinar.*
Does she **enjoy** dancing?	*¿Disfruta ella bailando?*
They **hate** cooking.	*Ellos odian cocinar.*

C "Also", "too" y "as well" (también)

Tanto **"also"** como **"too"** y **"as well"** significan "también". La diferencia radica en su posición en la frase.

- **"Also"** se utiliza delante del verbo:

They have three children and they **also** have a dog.
Ellos tienen tres hijos y también tienen un perro.

I like baseball and I **also** like soccer.
Me gusta el béisbol y también me gusta el fútbol.

O detrás de él, si es el verbo **"to be"**:

She is **also** working here.
Ella también está trabajando aquí.

Your parents are **also** Mexican.
Tus padres son también mexicanos.

The only "royal palace" in the U.S. is Iolani, built in 1882 by King David Kalakaua and his wife, Queen Kapiolani, in Hawaii. Their residence had electricity and telephones before the White House did!

- **"Too"** y **"as well"** se colocan al final de la oración:

They love parties. I love them **too**.
A ellos les encantan las fiestas. A mí me encantan también.

I speak English and French **as well**.
Hablo inglés y también francés.

Peter enjoys singing, and dancing **too**.
Peter disfruta cantando, y también bailando.

We like pizza, and pasta **as well**.
Nos gusta la pizza, y también la pasta.

UNIDAD

07

EN ESTA UNIDAD ESTUDIAREMOS

LET'S SPEAK ENGLISH

a. Información sobre el trabajo.
b. Información sobre los *hobbies* o pasatiempos.
c. Expresiones útiles.

GRAMÁTICA FÁCIL

a. Respuestas cortas.
b. Preguntas con pronombres interrogativos.

DIÁLOGO

Chris está esperando el autobús y comienza a hablar con la señora que está sentada junto a él.

Chris: Do you often take this bus to town?

Lisa: **Yes, I do**. I use it every day to get to work.

Chris: **What's your job**?

Lisa: **I'm a** teacher. **I work for** a language school. I teach English to people from all over the world.

Chris: **Sounds like fun! Where** do your students come from?

Lisa: They come from China, Japan, France, Spain, Mexico ..., a lot of different countries.

Chris: Are they young?

Lisa: No, they aren't. They are adults.

Chris: Do you teach any other languages?

Lisa: **No, I don't.** I speak some French but I'm not very good. **What do you do?**

***Chris**: ¿A menudo toma este autobús para la ciudad?*

***Lisa**: Sí, lo utilizo todos los días para ir a trabajar.*

***Chris**: ¿Cuál es su trabajo?*

***Lisa**: Soy profesora. Trabajo en una escuela de idiomas. Enseño inglés a gente de todo el mundo.*

***Chris**: ¡Suena divertido! ¿De dónde vienen sus estudiantes?*

***Lisa**: Vienen de China, Japón, Francia, España, México..., muchos países diferentes.*

***Chris**: ¿Son jóvenes?*

***Lisa**: No, no lo son. Son adultos.*

***Chris**: ¿Enseña otros idiomas?*

***Lisa**: No. Hablo algo de francés pero no soy muy buena. ¿A qué se dedica usted?*

Chris: **I work as an** actor.

Lisa: **Sounds interesting!** Do you always go to work by bus?

Chris: **No, I don't.** I usually drive, but my car is in the garage today.

Lisa: And, **what's your name**?

Chris: I'm Chris. And you?

Lisa: I'm Lisa. Pleased to meet you!

Chris: Pleased to meet you too. So, do you like your job?

Lisa: **Yes, I do.** I love meeting different people from different countries.

Chris: And do they learn English quickly?

Lisa: **Yes, they do**. Well, not all of them. Chris, the bus is here and I need to get to work.

Chris: Okay. See you soon!

Lisa: Goodbye!

***Chris**: Trabajo como actor.*

***Lisa**: ¡Parece interesante! ¿Siempre va al trabajo en autobús?*

***Chris**: No. Normalmente conduzco mi auto pero hoy está en el taller.*

***Lisa**: ¿Y cuál es su nombre?*

***Chris**: Soy Chris. ¿Y usted?*

***Lisa**: Soy Lisa. Encantada de conocerle.*

***Chris**: Encantado de conocerle también. Entonces, ¿le gusta su trabajo?*

***Lisa**: Sí. Me encanta conocer gente de diferentes países.*

***Chris**: ¿Y aprenden inglés rápido?*

***Lisa**: Sí, lo son. Bueno, no todos ellos. Chris, el autobús está aquí y yo necesito llegar al trabajo.*

***Chris**: De acuerdo. ¡Hasta pronto!*

***Lisa**: ¡Adiós!*

LET'S SPEAK ENGLISH

a Información sobre el trabajo

En una unidad anterior ya estudiamos cómo preguntar acerca del trabajo:

What's your job?
¿Cuál es tu trabajo?

What do you do?
¿A qué te dedicas? / ¿Qué haces?

What does she do?
¿A qué se dedica ella?

Did you know that the famous image on the 100-dollar bill is Benjamin Franklin? The portrait was painted by Joseph Duplessis, and hangs on the walls of the Smithsonian National Portrait Gallery.

¿Sabías que la famosa imagen que aparece en el billete de 100 dólares es Benjamin Franklin? El retrato fue pintado por Joseph Duplessis y cuelga de las paredes de la Galería Nacional de Retratos de Smithsonian.

A estas preguntas se les puede responder con:

I'm a plumber. *Soy plomero.*
I work as a plumber. *Trabajo como plomero.*
She's a translator. *Ella es traductora.*
She works as a translator. *Ella trabaja como traductora.*

Y se puede añadir información:

I fix drains, faucets, gas pipes, etc.
Arreglo desagües, grifos, cañerías de gas, etc.

She translates articles and books.
Ella traduce artículos y libros.

Si se quiere decir para quién o para qué empresa se trabaja:

I work for Simpson Limited.
Trabajo para Simpson Limited.

She works for a Spanish company.
Ella trabaja para una compañía española.

¿SABÍAS QUE...?

El billete estadounidense se emite habitualmente con las denominaciones de $1, $2, $5, $10, $20, $50 y $100, y en el caso de las monedas, con las denominaciones de 1¢, 5¢, 10¢, 25¢, 50¢ y $1.

b Información sobre los hobbies o pasatiempos

Para preguntar por los pasatiempos podemos usar alguna de estas estructuras:

What are your hobbies?
¿Cuáles son tus hobbies?

What do you do in your [spare / free] time?

¿Qué haces en tu tiempo libre?

A estas preguntas se les puede reponder:

My hobbies are: going to the movies, listening to music, and dancing.
Mis hobbies son: ir al cine, escuchar música y bailar.

In my spare time I go swimming.
En mi tiempo libre voy a nadar.

I like playing cards with my friends.
Me gusta jugar a las cartas con mis amigos.

Pero si preguntamos por una actividad en particular, podemos responder de forma corta:

Do you like reading? Y**es, I do**.
¿Te gusta leer? Sí, me gusta.

Does she like soccer? **No, she doesn't**.
¿Le gusta el fútbol a ella? No, no le gusta.

American paper currency is most commonly issued in denominations of $1, $2, $5, $10, $20, $50, and $100. The most common denominations of coins are 1¢, 5¢, 10¢, 25¢, 50¢, and $1.

C Expresiones útiles - *Useful expressions*

Para mostrar interés por algún tema o comentario se puede decir:

Sounds good!	*¡Suena bien!*
Sounds interesting!	*¡Suena interesante!*
Sounds like a lot of fun!	*¡Suena muy divertido!*

Estas expresiones no precisan del sujeto (**"it"**).

Carl: I work as a translator.	*Carl: Soy traductor.*
Mike: **Sounds interesting!**	*Mike: ¡Suena interesante!*

¿SABÍAS QUE...?

Cada año, el cuarto jueves de noviembre los estadounidenses se reúnen para celebrar el Día de Acción de Gracias. Esta festividad conmemora la fiesta celebrada por los peregrinos y los indios que los ayudaron a sobrevivir el primer invierno.

GRAMÁTICA FÁCIL

a Respuestas cortas

Son aquellas que se suelen utilizar cuando la pregunta se responde con un **"Sí"** o un **"No"**.

Para ello, la pregunta ha de comenzar con un auxiliar. Hasta ahora, los auxiliares que conocemos son el verbo **"to be"** y la partícula **"do / does"** (no confundir con el verbo **"to do"** [hacer], que no es auxiliar).

Are they Italian?	*¿Son ellos italianos?*
Do you speak English?	*¿Hablas inglés?*

- Al responder a estas preguntas de forma afirmativa, utilizamos **"Yes"**, el pronombre sujeto que corresponda, y el auxiliar, que será afirmativo.

Are they Italian? **Yes, they are**.

Do you speak English? **Yes, I do**.

Does he live in New York? **Yes, he does**.

En estos casos, la traducción de la respuesta corta puede ser simplemente **"Sí"**.

En respuestas cortas, el auxiliar "**to be"** no se puede contraer con el sujeto.

Is he an architect? **Yes, he is**. (~~he's~~)
¿Es él arquitecto? Sí (lo es).

Are you at work? **Yes, I am**. (~~I'm~~)
¿Estás en el trabajo? Sí (lo estoy).

Each year on the fourth Thursday in November, Americans gather to celebrate Thanksgiving. This holiday commemorates a feast celebrated by the Pilgrims and the Indians who helped them survive their first winter.

- Al responder a esas preguntas de forma negativa, utilizamos **"No"**, el pronombre sujeto que corresponda, y el auxiliar, que será negativo.

Is he a doctor? **No, he isn't**.

¿Él es médico? No (no lo es).

Do they have a car? **No, they don't**.

¿Tienen ellos auto? No (no lo tienen).

El auxiliar y la negación pueden ir contraídos o no, aunque se suelen usar de forma contraída.

Is she your mother? **No, she isn't.** / **No, she is not.**

Does your father smoke? **No, he doesn't.** / **No, he does not.**

Como ejemplos de respuestas cortas afirmativas y negativas, tenemos:

Are you studying English? **Yes, I am**.	*¿Estás estudiando inglés? Sí.*
Is he from Brazil? **No, he isn't**.	*¿Es él de Brasil? No.*
Am I a teacher? **Yes, you are**.	*¿Soy profesor? Sí (lo eres).*
Are they playing golf? **No, they aren't**.	*¿Están jugando al golf? No.*
Do you usually watch TV? **Yes, I do**.	*¿Sueles ver la TV? Sí.*
Does it rain in winter? **Yes, it does**.	*¿Llueve en invierno? Sí.*
Do they have a pet? **No, they don't**.	*¿Tienen ellos mascota? No.*
Does she get up early? **No, she doesn't**.	*¿Ella se levanta temprano? No.*

¿SABÍAS QUE...?

Las cataratas del Niágara se encuentran a caballo entre Canadá y los Estados Unidos. Este sistema de cataratas posee mayor caudal que cualquier otra cascada del mundo, con una caída vertical de más de 165 pies (50 m).

b Preguntas con pronombres interrogativos

Los pronombres interrogativos ya fueron tratados en una unidad anterior, pero ahora los estudiaremos con más detalle. Como ya dijimos, estos pronombres son palabras que utilizamos al principio de las preguntas para demandar información acerca de cosas, personas, lugares, momentos, etc.

What?	→	*¿Qué? / ¿Cuál?*
Who?	→	*¿Quién?*
Where?	→	*¿Dónde?*
When?	→	*¿Cuándo?*
Why?	→	*¿Por qué?*
Whose?	→	*¿De quién?*
Which?	→	*¿Qué? / ¿Cuál?*
How?	→	*¿Cómo?*

Los pronombres interrogativos se colocan al principio de la pregunta, delante del auxiliar (**"to be"** o **"do / does"**).

What do you do?	*¿Qué haces? / ¿A qué te dedicas?*
Who is your boss?	*¿Quién es tu jefe?*
Where do you live?	*¿Dónde vives?*
When is your birthday?	*¿Cuándo es tu cumpleaños?*
Why are you studying English?	*¿Por qué estás estudiando inglés?*

Niagara Falls straddles the border between Canada and the United States. The combined falls have the highest flow rate of any waterfall in the world, with a vertical drop of more than 165 feet (50 m).

Whose are those books? — *¿De quién son esos libros?*

Which is your coat? — *¿Cuál es tu abrigo?*

How do you go to work? — *¿Cómo vas al trabajo?*

Los pronombres interrogativos también se usan delante de **"to be"**, en preguntas con el presente continuo:

What are you doing? — *¿Qué estás haciendo?*

Where is he going? — *¿Dónde va él?*

"What", "**who"** y "**where"** pueden formar contracciones con **"is"**:

What is = what's — **What's** your name? *¿Cuál es tu nombre?*

Who is = who's — **Who's** that woman? *¿Quién es esa mujer?*

Where is = where's — **Where's** the car? *¿Dónde está el auto?*

Estas preguntas no se pueden responder con un **"Sí"** o un **"No"**, por lo que no se pueden usar las respuestas cortas, sino que se necesitan respuestas más elaboradas.

Where do you live? I live in Puerto Rico.
¿Dónde vives? Vivo en Puerto Rico.

What are you doing? I'm studying.
¿Qué estás haciendo? Estoy estudiando.

How are you? I'm fine, thanks.
¿Cómo estás? Estoy bien, gracias.

APRENDE VOCABULARIO

Interrogative pronouns — *Pronombres interrogativos*

Interrogative pronouns	*Pronombres interrogativos*
How many ...?	*¿Cuántos/as ...?*
How much...?	*¿Cuánto/a ...?*
How ...?	*¿Cómo ...?*
What ...?	*¿Qué ...?*
When ...?	*¿Cuándo ...?*
Where ...?	*¿Dónde ...?*
Which ...?	*¿Cuál ...?*
Who ...?	*¿Quién ...?*
Whose ...?	*¿De quién ...?*
Whom ...? / To whom ...?	*¿A quién ...?*
Why ...?	*¿Por qué ...?*
Because ...	*Porque ...*

RACTICA TU PRONUNCIACIÓN

Jobs and positions	*Los trabajos y los puestos*
Accountant.	*Contador / Contadora.*
Architect.	*Arquitecto.*
Artist.	*Artista.*
Chef.	*Chef.*
Clerk.	*Empleado / Empleada.*
Cook.	*Cocinero / Cocinera.*
Doctor.	*Doctor / Doctora.*
Engineer.	*Ingeniero.*
Gardener.	*Jardinero.*
Graphic designer.	*Diseñador gráfico / Diseñadora gráfica.*
Lawyer.	*Abogado.*
Nurse.	*Enfermero / Enfermera.*
Physician.	*Médico.*
Salesperson.	*Vendedor / Vendedora.*
Secretary.	*Secretaria.*
Security guard.	*Guardia de seguridad.*
Taxi driver.	*Taxista.*
Teacher.	*Profesor / Profesora.*
Technician.	*Técnico.*
Tourist guide.	*Guía de turismo.*
Travel agent.	*Agente de viajes.*

Practica ahora tu pronunciación en http://inglesamerica.com/

UNIDAD 08

EN ESTA UNIDAD ESTUDIAREMOS

LET'S SPEAK ENGLISH

a. Preguntar significados.
b. Expresar habilidades.
c. Vocabulario: profesiones.

GRAMÁTICA FÁCIL

a. Expresar habilidad.
b. Expresar obligación.
c. Adjetivos.

DIÁLOGO

Joseph ha conocido a Naomi, que está interesada en conocer muchas cosas sobre él.

Naomi: What do you do, Joseph?

Joseph: I'm a **lawyer**.

Naomi: And is your job **hard?**

Joseph: **Sorry,** it's noisy and **I don't understand. Could you repeat that, please?**

Naomi: Of course. Is your job **hard?**

Joseph: Yes, my job is sometimes hard. I **have to be** very **efficient** and **responsible** because I have a lot of work.

Naomi: **Do** you **have to** get up very early?

Joseph: Yes, I **have to** get up at 6:30 a.m. every day so I **can** catch the bus to work.

Naomi: That's very early! **Can** you drive?

Joseph: Yes, I **can**, but I don't have a car.

Naomi: **Are** you **good at** your job?

Naomi: *¿Cuál es tu trabajo, Joseph?*

Joseph: *Soy abogado.*

Naomi: *¿Y es duro tu trabajo?*

Joseph: *Perdona, hay ruido y no comprendo. ¿Podrías repetir lo que has dicho, por favor?*

Naomi: *Por supuesto. ¿Es duro tu trabajo?*

Joseph: *Sí, mi trabajo es duro a veces. Tengo que ser muy eficaz y responsable porque tengo mucho trabajo.*

Naomi: *¿Tienes que levantarte temprano?*

Joseph: *Sí, tengo que levantarme a las 6:30 de la mañana todos los días, y así puedo tomar el autobús para el trabajo.*

Naomi: *¡Es muy temprano! ¿Sabes conducir?*

Joseph: *Sí, sé, pero no tengo auto.*

Naomi: *¿Eres bueno en tu trabajo?*

Joseph: Yes, I think so. **I'm good at** it because I'm very **hardworking.**
Naomi: **Do** you **have to** speak Spanish in your job?
Joseph: **No, I don't**. In fact, I don't speak Spanish.
Naomi: But you **can** have more "clientes" if you **can** speak Spanish.
Joseph: **What does** "clientes" **mean**?
Naomi: **It means** "clients."
Joseph: Yes, **I can** have more clients, but I'm **not very good at** languages.
Naomi: You **don't have to** be brilliant at languages. You just need to study!
Joseph: That's my problem. I don't have time.
Naomi: Okay. I know it's **difficult** for you.
Joseph: Well, I **have to** go now. Next time you'll tell me about yourself.
Naomi: Okay, bye-bye!
Joseph: Bye!

***Joseph**: Sí, creo que sí. Soy bueno porque soy muy trabajador.*
***Naomi**: ¿Tienes que hablar español en tu trabajo?*
***Joseph**: No. De hecho, no hablo español.*
***Naomi**: Pero puedes tener más "clientes" si sabes hablar español.*
***Joseph**: ¿Qué significa "clientes"?*
***Naomi**: Significa "clients".*
***Joseph**: Sí, puedo tener más clientes, pero no se me dan bien los idiomas.*
***Naomi**: No es necesario que seas brillante con los idiomas. ¡Solo necesitas estudiar!*
***Joseph**: Ese es mi problema. No tengo tiempo.*
***Naomi**: Ya. Sé que es difícil para ti.*
***Joseph**: Bueno, tengo que irme ahora. La próxima vez me hablarás de ti.*
***Naomi.**: De acuerdo. ¡Adiós!*
***Joseph**: ¡Adiós!*

LET'S SPEAK ENGLISH

a Preguntar significados

Para preguntar por el significado de alguna palabra o expresión podemos usar distintas fórmulas:

[**"To mean"**: *significar*]

What does "grammar" **mean?**
¿Qué significa "grammar"?

What is the meaning of "grammar"?
¿Cuál es el significado de "grammar"?

Para responder:

It means ...	*Significa...*
"Grammar" **means** ...	*"Grammar" significa ...*

Download the Smithsonian app on your smartphone! It will be your mobile guide where you can discover highlights, search collections, and access tours and podcasts. You can also upload photos and tips to share with other visitors via Twitter and Facebook.

Descárgate la aplicación de Smithsonian en tu teléfono. Esta será tu guía móvil, donde puedes descubrir acontecimientos destacados, buscar colecciones y acceder a tours y podcasts. Sube fotos y consejos para compartir con otros visitantes en Twitter y Facebook.

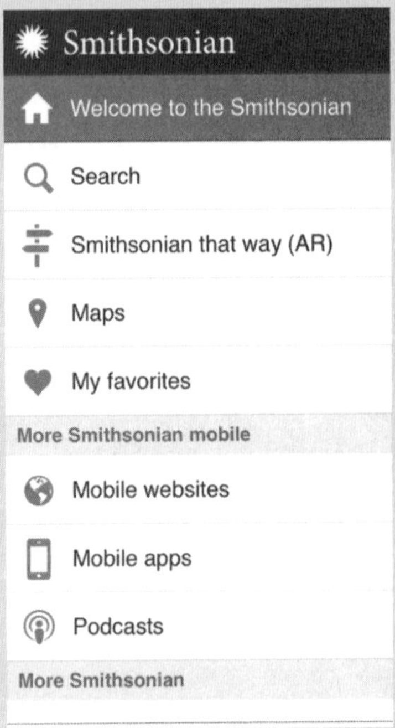

Si lo que queremos es que nos repitan algo que no hemos entendido:

[**"To understand"**: *entender, comprender*]
[**"To repeat":** *repetir*]

Sorry, **I don't understand**.
Disculpe, no entiendo.

Can you repeat that, please?
¿Puedes repetir, por favor?

Can you speak more slowly, please?
¿Puedes hablar más despacio, por favor?

Estas últimas preguntas podrían ser más formales si sustituimos **"can"** por **"could"**:

Could you repeat that, please?
¿Podría usted repetir, por favor?

Could you speak more slowly, please?
¿Podría hablar más despacio, por favor?

b Expresar habilidades

En la sección de "Gramática Fácil" estudiaremos también este tema, pero ahora veremos algunas expresiones que denotan habilidad.

To be	**(very) good at**	*ser (muy) bueno, dársele bien hacer algo*
	(very) bad at	*ser (muy) malo, dársele mal hacer algo*

I am very good at tennis.	*Se me da muy bien el tenis.*
She isn't good at mathematics.	*Ella no es buena en matemáticas.*
They're bad at French.	*Se les da mal el francés. (Son malos en francés).*

Si en lugar de sustantivos usamos acciones, verbos, éstos han de expresarse en gerundio:

I'm bad at cooking.	*Soy malo cocinando. (No se me da bien cocinar).*
He's very good at swimming.	*Él es muy bueno nadando.*
We aren't good at singing.	*No somos buenos cantando. (No se nos da bien cantar).*

¿SABÍAS QUE...?

El sistema educativo se inicia con el pre-kindergarten, y siguen el kindergarten, elementary school, middle school y high school. Del primer al cuarto curso, a los estudiantes, tanto de secundaria como universitarios, se les denomina "freshmen", "sophomores", "juniors" y "seniors", respectivamente.

C Vocabulario: Profesiones - *Jobs*

lawyer:	*abogado/a*	**gardener:**	*jardinero/a*
architect:	*arquitecto/a*	**veterinarian:**	*veterinario/a*
fireman:	*bombero*	**translator:**	*traductor/a*
taxi driver:	*taxista*	**secretary:**	*secretario/a*
butcher:	*carnicero/a*	**teacher:**	*profesor/a*
baker:	*panadero/a*	**policeman:**	*policía*
postman:	*cartero*	**painter:**	*pintor/a*
scientist:	*científico/a*	**pilot:**	*piloto*
cook:	*cocinero/a*	**journalist:**	*periodista*
salesperson:	*vendedor/a*	**mechanic:**	*mecánico*
electrician:	*electricista*	**student:**	*estudiante*
bank clerk:	*empleado/a de banco*	**manager:**	*gerente*
		accountant:	*contador/a*
plumber:	*plomero/a*	**hairdresser:**	*peluquero/a*
engineer:	*ingeniero/a*		

Recordemos que cuando el sujeto es singular, hemos de utilizar **"a"** delante de la profesión. Si es plural, solo se utiliza la profesión en plural.

She is **a** nurse. *Ella es enfermera.*
They are nurses. *Ellas son enfermeras.*

The educational system begins with pre-kindergarten, and goes through kindergarten, elementary school, middle school, and high school. First-through fourth-year students in high school and college are commonly referred to as freshmen, sophomores, juniors, and seniors.

GRAMÁTICA FÁCIL

a Expresar habilidad

En esta misma unidad ya hemos tratado algunas fórmulas para expresar habilidad, pero la manera más común es por medio del verbo **"can"** *(poder, saber)*.

"Can" es un verbo modal, auxiliar, con unas características peculiares. En primer lugar, no admite la partícula **"to"** ni delante ni detrás de él, por lo que precede a un infinitivo sin dicha partícula.

I **can** swim. *Sé nadar.*

Otra peculiaridad es que tiene la misma forma para todas las personas. No admite **"s"** en 3ª persona del singular (**he**, **she**, **it**). Así, en **frases afirmativas**:

I	**can**	*yo sé, puedo*	we	**can**	*nosotros/as sabemos, podemos*
you	**can**	*tú sabes, puedes*	you	**can**	*ustedes saben, pueden* *usted sabe, puede*
he	**can**	*él sabe, puede*			
she	**can**	*ella sabe, puede*	they	**can**	*ellos/as saben, pueden*
it	**can**	*sabe, puede*			

I **can** drive a bus.	*Sé (puedo) conducir un autobús.*
He **can** teach Portuguese.	*Él sabe (puede) enseñar portugués.*
We **can** run very fast.	*Podemos correr muy rápido.*
You **can** solve this problem.	*Tú sabes (puedes) resolver este problema.*
They **can** understand.	*Ellos pueden comprender.*

¿SABÍAS QUE...?

El 4 de Julio de 1884, Francia hizo entrega a los Estados Unidos de un regalo de cumpleaños increíble: la Estatua de la Libertad. Ella representa los EE.UU. y la promesa de libertad democrática.

En **frases negativas** añadimos **"not"** detrás, de **"can"**. La negación admite tres formas: **"can not**, **"cannot"** y **"can't"**. De ellas, la más usual es la forma contraída.

I **can't** speak Italian.	*No sé (no puedo) hablar italiano.*
He **can't** type.	*Él no sabe (no puede) escribir a máquina.*
We **cannot** play the piano.	*No sabemos tocar el piano.*
You **can't** dance salsa.	*Ustedes no saben bailar salsa.*
They **can't** use that machine.	*Ellos no saben usar esa máquina.*

En **frases interrogativas**, al tratarse de un verbo auxiliar, **"can"** invierte el orden con el sujeto:

He **can** play baseball.

Can he play baseball?

Can you skate?	*¿Sabes patinar?*
Can they sing opera?	*¿Saben ellos cantar ópera?*
What **can** you do?	*¿Qué sabes hacer? / ¿Qué puedes hacer?*
What languages **can** you speak?	*¿Qué idiomas sabe usted hablar?*
Can she use a computer?	*¿Sabe ella usar una computadora?*

Para responder de forma corta, usaremos **"Yes"** o **"No"**, el sujeto y **"can"** o **"can't"**.

Can you play chess? **Yes, I can**.
¿Sabes jugar al ajedrez? Sí (sé).

Can he teach German? **No, he can't.**
¿Sabe él enseñar alemán? No (no sabe).

On July 4, 1884, France presented the United States with an incredible irthday gift: the Statue of Liberty. She represents the United States and the promise of democratic freedom.

Can we build a house? **No, we can't**.
¿Sabemos construir una casa? No (no sabemos).

Can they make an omelette? **Yes, they can**.
¿Saben ellos hacer una tortilla? Sí (saben).

Además de lo que hemos estudiado, el verbo **"can"** tiene otros usos en inglés, que se irán detallando más adelante.

b Expresar obligación

Una de las maneras de expresar obligación en inglés es por medio del verbo **"have to"** *(tener que)*.

I **have to** do my homework. *Tengo que hacer mi tarea.*

"Have to" va siempre seguido de un infinitivo.

- La **forma afirmativa** en presente es:

I **have to**	*yo tengo que*	we **have to**	*nosotros/as tenemos que*
you **have to**	*tú tienes que*	you **have to**	*ustedes tienen que* *usted tiene que*
he **has to**	*él tiene que*		
she **has to**	*ella tiene que*	they **have to**	*ellos/as tienen que*
it **has to**	*tiene que*		

En este caso, **"have to"** no se puede contraer con el sujeto.

You **have to** buy a cell phone.	*Tienes que comprar un celular.*
She **has to** study hard.	*Ella tiene que estudiar duro.*
We **have to** visit the museum.	*Tenemos que visitar el museo.*
They **have to** get up early.	*Ellos tienen que levantarse temprano.*
He **has to** see this.	*Él tiene que ver esto.*

¿SABÍAS QUE...?

El punto más alto de los EE.UU. es el monte Denali, en Alaska, con 6.194 metros (20.320 pies) sobre el nivel del mar; y el punto más bajo es el Valle de la Muerte, en California, con 86 metros (282 pies) bajo el nivel del mar.

- La **forma negativa** es **"don't / doesn't have to"**.

Esta forma implica falta de obligación, es decir, que no es necesario hacer algo.

I **don't have to** get up early on Sundays.
No tengo que madrugar los domingos.

You **don't have to** go.
No tienes que ir (no es necesario que vayas).

She **doesn't have to** take that bus.
Ella no tiene por qué tomar ese autobús.

We **don't have to** buy a new car.
No tenemos que comprar un auto nuevo.

They **don't have to** clean.
Ellos no tienen que limpiar (no es necesario que limpien).

- Para realizar **preguntas** se usa **"do / does"** delante del sujeto y **"have to"**:

Do you **have to** send an email?	*¿Tienes que enviar un correo electrónico?*
Does she **have to** help you?	*¿Tiene ella que ayudarte?*
Do I **have to** stay here?	*¿Tengo que quedarme aquí?*
What **do** we **have to** do?	*¿Qué tenemos que hacer?*
Where **does** he **have to** go?	*¿Dónde tiene que ir él?*

Para responder de forma corta:

Do you have to work overtime?	**Yes, I do.**	*Sí.*
¿Tienes que hacer horas extras?	**No, I don't.**	*No.*
Does he have to call the police?	**Yes, he does.**	*Sí.*
¿Tiene él que llamar a la policía?	**No, he doesn't.**	*No.*

The highest point in the United States is Denali, Alaska, 6,194 meters (20,320 feet) above sea level. The lowest point is in Death Valley, California, 86 meters (282 feet) below sea level.

C Adjetivos

Vamos a estudiar algunos adjetivos acerca del trabajo, pero antes vamos a tratar dos palabras que pueden llevar a confusión: **"work"** y **"job"**.

"Work" significa "trabajo", y es un término con significado general. También se usa como verbo (**to work**: *trabajar*).
"Job" también significa "trabajo", pero como "empleo" o "puesto de trabajo". No se puede usar como verbo.

Entre los adjetivos que pueden describir un trabajo están:

interesting	*interesante*	**boring**	*aburrido*	**difficult**	*difícil*
easy	*fácil*	**tiring**	*cansado*	**relaxing**	*relajado*
hard	*duro*	**risky**	*arriesgado*	**safe**	*seguro*
dangerous	*peligroso*	**amusing**	*entretenido*	**demanding**	*absorbente*

Estos adjetivos pueden estar colocados delante del sustantivo:

I have a **hard** job. *Tengo un trabajo duro.*
He has a **boring** job. *Él tiene un trabajo aburrido.*

O después del verbo **"to be"**:

My job is **relaxing**. *Mi trabajo es relajado.*
Her job is **interesting**. *Su trabajo (de ella) es interesante.*

Con respecto al trabajo, las personas pueden ser:

hardworking	*trabajador*	**reliable**	*(con)fiable*	**responsible**	*responsable*
efficient	*eficiente*	**creative**	*creativo*	**lazy**	*holgazán*

They are **efficient** workers. *Son trabajadores eficientes.*
He is **hardworking** and **reliable**. *Es trabajador y (con)fiable.*

Todos los adjetivos que hemos tratado pueden ir precedidos por un intensificador, como **"very"**.

I have a **very dangerous** job. *Tengo un trabajo muy peligroso.*
She is **very creative** at work. *Ella es muy creativa en el trabajo.*

UNIDAD 09

EN ESTA UNIDAD ESTUDIAREMOS

LET'S SPEAK ENGLISH

a. El alfabeto.
b. El lenguaje telefónico.
c. Números telefónicos.
d. Los días de la semana.
e. Tratamientos formales.

GRAMÁTICA FÁCIL

a. Peticiones (**"can"**, **"could"**).
b. Peticiones formales (**"would like to"**).
c. Deletreo.
d. Los verbos **"to take"** y **"to leave"**.

DIÁLOGO

Hannah está llamando a NB Telephones tras leer un anuncio con una oferta de trabajo. Quiere concertar una cita. Primero habla con la secretaria, Margaret, y luego con el gerente, Stuart Smith.

Margaret: Good afternoon! NB Telephones. Margaret speaking. How can I help you?
Hannah: Good afternoon! **Could I speak to** Stuart Smith, please?
Margaret: One moment, please. **Who's calling?**
Hannah: **This is** Hannah Fairweather. **I'm calling about** the job advertised in the newspaper.
Margaret: **Hold on, please. I'll put you through to him.**
Hannah: Thank you.
Stuart: Good afternoon! Stuart Smith. **Who's calling** please?
Hannah: Hello! **This is** Hannah Fairweather. **I'm calling about** the accountant job advertised in the newspaper.
Stuart: Okay, Hannah. I'll just take some details from you and we'll arrange an interview. **Could you spell** your last name for me, please?
Hannah: Yes, it's F-A-I-R-W-E-A-T-H-E-R.

Margaret: *¡Buenas tardes! NB Telephones. Le habla Margaret. ¿En qué puedo ayudarle?*
Hannah: *¡Buenas tardes! ¿Podría hablar con Stuart Smith, por favor?*
Margaret: *Un momento, por favor. ¿De parte de quién?*
Hannah: *Soy Hannah Fairweather. Llamo por el trabajo que se anuncia en el periódico.*
Margaret: *Espere, por favor. Le paso con él.*
Hannah: *Gracias.*
Stuart: *Buenos tardes! Stuart Smith. ¿Quién habla?*
Hannah: *Hola. Soy Hannah Fairwether. Llamo por el trabajo de contadora que se anuncia en el periódico.*
Stuart: *De acuerdo, Hannah. Tomaré unos detalles suyos y concertaremos una entrevista. ¿Me podría deletrear su apellido, por favor?*
Hannah: *Sí, es F-A-I-R-W-E-A-T-H-E-R.*

Stuart: And your phone number, please?

Hannah: It's 07963 157862.

Stuart: **Can you** repeat the last three digits, please?

Hannah: Eight - six - two.

Stuart: Thank you. So, the schedule for the job is from 9:00 a.m. to 5:00 p.m., from **Monday** to **Friday**. Could you come for an interview 10:00 a.m. **Wednesday** morning?

Hannah: I'm very sorry, but it's impossible on Wednesday. I have a doctor's appointment. But I'm free on **Tuesday** morning.

Stuart: That's fine. I'll see you at 10:00 a.m. on **Tuesday** then. Our office is at 15 Key Road, near the sports center.

Hannah: **Could you** repeat that, please?

Stuart: 15 Key Road. See you on **Tuesday,** and thank you for calling.

Hannah: Thank you, **Mr Smith**. Goodbye.

***Stuart**: ¿Y su número de teléfono, por favor?*

***Hannah**: Es el 07963157862.*

***Stuart**: ¿Puede repetir los tres últimos dígitos?*

***Hannah**: Ocho - seis - dos.*

***Stuart**: Gracias. El horario del trabajo es de 9 a.m. a 5 p.m., de lunes a viernes. ¿Podría venir para una entrevista el miércoles a las 10 de la mañana?*

***Hannah**: Lo siento, pero es imposible el miércoles. Tengo cita con el médico. Pero estoy libre el martes por la mañana.*

***Stuart**: Está bien. Entonces la veré el martes a las 10 a.m. Nuestra oficina está en Key Road, número 15, cerca del centro deportivo.*

***Hannah**: ¿Podría repetir, por favor?*

***Stuart**: Key Road, número 15. Hasta el martes, y gracias por llamar.*

***Hannah**: Gracias, Sr. Smith. Adiós.*

LET'S SPEAK ENGLISH

a El alfabeto - *The alphabet*

Es importante aprender las distintas letras del alfabeto, ya que así podremos deletrear o pedir que deletreen palabras.

A	B	C	D	E	F	G
(ei)	(bi)	(si)	(di)	(i)	(ef)	(**sh**i)*
H	I	J	K	L	M	N
(éich)	(ai)	(**sh**éi)*	(kéi)	(el)	(em)	(en)
O	P	Q	R	S	T	U
(ou)	(pi)	(kiú)	(ar)	(es)	(ti)	(iu)
V	W	X	Y	Z		
(vi)	(dábliu)	(eks)	(wái)	(zi)		

** La pronunciación /sh/ de estas letras es la equivalente a la pronunciación de la "ll" en Argentina o Uruguay.*

Did you know that there is a castle in Washington, D.C.? Right on the National Mall you can find the Smithsonian Castle, which was completed in 1855. Originally it stood alone, and it was almost destroyed by fire in 1865. It has been declared a National Historic Landmark, and today it houses the Smithsonian Information Center, as well as the remains of its benefactor, James Smithson.

¿Sabías que en Washington, D.C. hay un castillo? En el National Mall se encuentra el Castillo Smithsonian, que fue finalizado en 1855. Al principio se encontraba aislado y fue casi destruido por el fuego en 1865. Ha sido declarado Monumento Histórico Nacional, y hoy alberga el Centro de Información de Smithsonian Institution, así como los restos de su benefactor, James Smithson.

Para pedir que alguien deletree una palabra se usan las siguientes expresiones:

[**"to spell"**: deletrear]

Can you spell ....? (informal)	*¿Puedes deletrear...?*
Could you spell ...? (formal)	*¿Podría usted deletrear...?*
How do you spell ...?	*¿Cómo se deletrea...?*
Can you spell the word "house"?	*¿Puedes deletrear la palabra "house"?*
Could you spell your name, please?	*¿Podría deletrear su nombre, por favor?*
How do you spell "house"?	*¿Cómo deletreas "house"? / ¿Cómo se deletrea "house"?*

La respuesta se dará letra a letra, excepto cuando encontremos dos letras iguales seguidas. En ese caso cabe la posibilidad de decirlas letra a letra, o bien usando "**double + letra**":

Can you spell the word "book"?	*¿Puedes deletrear la palabra "book"?*
Yes. B-**O-O**-K (bi-**dábel ou**-kei).	*Sí. B-O-O-K.*

b Lenguaje telefónico - *Telephone language*

Cuando hablamos por teléfono solemos utilizar un vocabulario y unas expresiones particulares. Así:

- Para pedir hablar con alguien:

Can I speak to Margaret?
¿Puedo hablar con Margaret?
Could I speak to Margaret Clark, please?
¿Podría hablar con Margaret Clark, por favor?
I'd like to speak to Margaret, please.
Quisiera (me gustaría) hablar con Margaret, por favor.

- Para preguntar quién llama:

Who's calling?	*¿Quién llama? / ¿De parte de quién?*

- Para identificarse uno mismo no se utiliza **"I am ..."**, sino **"This is ...."**:

Who's calling?	*¿Quién llama?*
This is Carlos Pérez.	*Soy (habla) Carlos Pérez.*

¿SABÍAS QUE...?

Los Estados Unidos es un vasto país, con uno de los sistemas de carreteras más extensos del mundo. Si se tiene auto, éste ha de estar matriculado y asegurado.

- Cuando solicitamos que nos transfieran la llamada a otra persona:

Could you put me through to John Gates, please?
¿Podría pasarme con John Gates, por favor?

- Cuando nos transfieren la llamada a otra persona nos dirán:

Just a moment. **I'll put you through** (to him).
Un momento. Le paso (con él).

Just a minute. **I'll transfer your call**.
Un momento. Le paso su llamada.

- Cuando pedimos hablar con alguien que ha atendido el teléfono, éste se identifica diciendo: **"Speaking"** *(soy yo, al habla)*.

- I'd like to speak to Mike, please.	*- Quisiera hablar con Mike, por favor.*
- Speaking.	*- Al habla (soy yo).*

- Para indicar el motivo de la llamada se puede usar:

I'm calling about a job interview.	*Llamo por una entrevista de trabajo.*

- Si se dice que la otra persona espere en línea:

Hold on, please.	*Espere, por favor.*
Hold on a moment, please.	*Espere un momento, por favor.*
Could you **hold** a minute?	*¿Podría esperar un momento?*

C Números telefónicos - *Telephone numbers*

Para decir un número telefónico, hemos de hacerlo número por número. El número 0 puede decirse **"o"** (como la letra "o"), o bien **"zero"**.

The United States is a large country, with one of the most extensive systems of roadways in the world. If you have a car, it must be registered and insured.

Cuando el número contenga dos dígitos iguales seguidos, podemos decirlos uno a uno, o bien "double + número".

- What's your phone number?
- It's 908 417 33 86.

(nine-**zero**-eight-four-one-seven-**three-three**-eight-six)

(nine-**o**-eight-four-one-seven-**double three**-eight-six)

d Los días de la semana - *The days of the week*

Los días de la semana siempre se escriben con letra mayúscula en inglés, y son los siguientes:

lunes	**Monday**
martes	**Tuesday**
miércoles	**Wednesday**
jueves	**Thursday**
viernes	**Friday**
sábado	**Saturday**
domingo	**Sunday**

e Tratamientos formales - *Formal treatments*

Hay tratamientos de cortesía que se utilizan comúnmente en el lenguaje, tanto oral como escrito. Así, encontramos:

- **Mr.** *(/míster/)* se utiliza con el apellido de hombres adultos y equivale a Sr. (señor).
- **Mrs.** *(/míziz/)* se utiliza con el apellido de mujeres casadas y equivale a Sra. (señora).

¿SABÍAS QUE...?

El Distrito de Columbia no es un estado, sino un distrito federal. Cuando se creó en 1790, el Distrito contaba con 100 millas cuadradas (260 km²) de terreno donado por los estados de Maryland y Virginia.

- **Miss** *(/mis/)* se utiliza con el apellido de mujeres solteras y equivale a Srta. (señorita).
- **Ms.** *(/miz/)* se utiliza con el apellido de una mujer adulta, sin definir su estado civil, y equivale a señora o señorita.

Mr. Brown is our boss.
El Sr. Brown es nuestro jefe.

Mrs. Smith has a dog and a cat.
La Sra. Smith tiene un perro y un gato.

Is **Miss Jones** in the office?
¿Está la Srta. Jones en la oficina?

"Sir" o **"madam"** (coloquialmente **ma'am**) se usan para dirigirnos a un hombre o a una mujer, respectivamente, de manera respetuosa. Son palabras especialmente usadas por los empleados de restaurantes, hoteles, etc....

Goodbye, **sir**! *¡Adiós, señor!*
Good morning, **ma'am**! *¡Buenos días, señora!*

Pero cuando hablamos a alguien de un señor o de una señora no usamos los términos **"sir"** y **"ma'am"**, sino **"gentleman"** (caballero, señor) y **"lady"** (dama, señora).

That **gentleman** is very funny.
Ese señor es muy divertido.

This **lady** is our teacher.
Esa señora es nuestra profesora.

The District of Columbia is not a state but a federal district. When created in 1790, the District comprised 100 square miles (260 km^2) of land donated by the states of Maryland and Virginia.

GRAMÁTICA FÁCIL

a Peticiones - *Requests*

Como ya hemos visto, cuando queramos pedir o solicitar algo usamos **"can"** y **"could"**.

Can I speak to Jane, please?
¿Puedo hablar con Jane, por favor?

Could you spell your name, please?
¿Podría deletrear su nombre, por favor?

"Can" se usará en una situación más informal, y **"could"** en otra más formal.

Para responder a estas preguntas afirmativamente, podemos decir:

- De una manera informal: **"Sure," "OK,"** o **"Yes"**.

Can I speak to Jimmy?	*¿Puedo hablar con Jimmy?*
Sure, hold on.	*Claro (seguro). Espera.*

- De una manera formal: **"Of course"** o **"Certainly"**.

Could I speak to Mr. Jones, please?	*¿Podría hablar con el Sr. Jones?*
Certainly, I'll put you through to him.	*Por supuesto. Le paso con él.*

¿SABÍAS QUE...?

La ciudad de Nueva York es la más poblada de los EE.UU., y sus distritos son Brooklyn, Queens, Manhattan, el Bronx y Staten Island. Es un agitado centro de negocios, arte, moda y entretenimiento.

Algunos ejemplos más:

- **Can** you repeat that, please? - *¿Puede repetir, por favor?*
- **Sure**. - *Claro.*

- **Could** you spell your name, please? - *¿Podría deletrear su nombre, por favor?*
- **Of course**. L-U-I-S. - *Por supuesto. L-U-I-S.*

Hemos de tener en cuenta que la palabra **"name"** puede significar "nombre" o "apellido".

Nombre	Apellido
Name	Surname
Name	Last name
First name	Name (family name)

b Peticiones formales - *Formal requests*

Ya hemos visto alguna expresión de petición formal (**"could"**), pero también se puede solicitar algo por medio de **"I would like to + infinitivo"** (quisiera, me gustaría). En este caso no realizamos una pregunta, sino que se trata de una oración afirmativa.

Esta expresión se suele utilizar de forma contraída: **"I'd like to"**.

I'd like to speak to Mrs. O'Hara, please.
Quisiera (me gustaría) hablar con la Sra. O'Hara, por favor.
I'd like to have a meeting with him.
Me gustaría tener una reunión con él.

Pero puede haber más sujetos:

He'd like to see her. *A él le gustaría verla.*
We'd like to leave a message. *Nos gustaría dejar un mensaje.*

New York City is the most populous city in the United States, and its boroughs are Brooklyn, Queens, Manhattan, the Bronx, and Staten Island. It is a fast-paced center of business, art, fashion, and entertainment.

c Deletreo - *Spelling*

Cuando se deletrea una palabra hay letras que suenan de forma parecida y pueden llevar a confusión, especialmente por teléfono. Para evitarlo se usa esta fórmula:

"G" **as in** Gregory.	*"G" de Gregory.*
"T" **as in** "Tom".	*"T" de Tom.*

- My last name is Lean.
- Could you spell it, please?
- Certainly. L **as in** London, E **as in** Europe, A **as in** Alabama, N **as in** Nevada.
- *Mi apellido es Lean.*
- *¿Podría deletrearlo, por favor?*
- *Por supuesto. L de Londres, E de Europa, A de Alabama, N de Nevada.*

En estos casos podemos utilizar las palabras de referencia que prefiramos.

d Los verbos "to take" y "to leave"

El verbo **"to take"**, entre otros significados, equivale a" tomar" y **"to leave"** es "dejar". En lenguaje telefónico los usaremos mucho cuando hablemos de mensajes. Así:

Can I **take** a message?	*¿Puedo tomar un mensaje?*
Can I **leave** a message for him?	*¿Puedo dejar un mensaje para él?*

APRENDE VOCABULARIO

The days of the week / *Los días de la semana*

Monday.	*Lunes.*
Tuesday.	*Martes.*
Wednesday.	*Miércoles.*
Thursday.	*Jueves.*
Friday.	*Viernes.*
Saturday.	*Sábado.*
Sunday.	*Domingo.*
What day is today?	*¿Qué día es hoy?*

Ways to address to a person / *Formas de dirigirse a una persona*

Madam / Ma'am.	*Señora.*
Miss.	*Señorita.*
Ms.	*Sra., Srta.*
Mr.	*Señor.*
Mrs.	*Señora.*
Sir.	*Señor.*
Dr.	*Doctor.*

RACTICA TU PRONUNCIACIÓN

The time *La hora*

The clock.	*El reloj (de pared).*
The watch.	*El reloj (de mano).*
What time is it?	*¿Qué hora es?*
It is ...	*Son la/s...*
It is one o'clock (1:00).	*Es la una.*
It is two o'clock (2:00).	*Son las dos.*
It is three fifteen. / It is a quarter past three (3:15).	*Son las tres y quince. / Son las tres y cuarto (3:15).*
It is four thirty. / It is half past four (4:30).	*Son las cuatro y treinta. / Son las cuatro y media.*
It is five forty-five. / It is a quarter to six (5:45).	*Son las cinco y cuarenta y cinco. / Falta un cuarto para las seis (5:45).*
It is six fifty. / It is ten to seven (6:50).	*Son las seis y cincuenta. / Faltan diez para las siete (6:50).*
It is noon (12:00 P.M.).	*Es mediodía (12:00 P. M.).*
It is midnight (12:00 A.M.).	*Es medianoche (12:00 A. M.).*
In the morning.	*Por la mañana.*
In the afternoon.	*Por la tarde.*
In the evening.	*Por la tarde-noche.*
At night.	*Por la noche.*
At what time is ...?	*¿A qué hora es ...?*
At what time is the concert?	*¿A qué hora es el concierto?*
At ...	*A la/s...*
At 7:10 P.M. (seven-ten in the evening).	*A las siete y diez de la noche.*

Practica ahora tu pronunciación en http://inglesamerica.com/

UNIDAD

10

EN ESTA UNIDAD ESTUDIAREMOS

LET'S SPEAK ENGLISH

a. Preguntar y responder acerca de la hora.
b. Los meses del año.

GRAMÁTICA FÁCIL

a. El artículo determinado "**the**".
b. Ausencia de artículo.
c. Preposiciones de tiempo "**in**, "**on**", **at**".

DIÁLOGO

Jim y Lucy están intentando acordar una hora para ir a visitar el museo juntos.

Jim: Hi, Lucy! How are you?

Lucy: Hi, Jim! I'm okay, thanks. And you?

Jim: I'm fine, thank you. Did you know there's a good exhibition of modern art in the city. Would you like to visit **the** museum sometime this week?

Lucy: Okay, but I'm quite busy. How about **on** Wednesday **at half past ten**?

Jim: I can't **on** Wednesday. I have to get up **at a quarter after six** to go to a special meeting at work. **What time** do you usually get up?

Lucy: I only work **in the afternoon**, so I usually get up **at ten**.

Jim: That's very late! Well, we could go **on** Thursday **at eleven o'clock**.

Lucy: No, I can't **on** Thursday. I'm going shopping to buy my sister a birthday present.

***Jim**: ¡Hola, Lucy! ¿Cómo estás?*

***Lucy**: Hola, Jim. Estoy bien, gracias. ¿Y tú?*

***Jim**: Estoy bien, gracias. ¿Sabes? Hay una buena exposición de arte moderno en la ciudad. ¿Te gustaría visitar el museo en algún momento esta semana?*

***Lucy**: De acuerdo, pero estoy bastante ocupada. ¿Qué tal el miércoles a las diez y media?*

***Jim**: No puedo el miércoles. Tengo que levantarme a las seis y cuarto para ir a una reunión especial en el trabajo. ¿A qué hora te levantas tú normalmente?*

***Lucy**: Solo trabajo por la tarde, así que normalmente me levanto a las diez.*

***Jim**: ¡Es muy tarde! Podríamos ir el jueves a las once.*

***Lucy**: No, no puedo el jueves. Voy a comprarle a mi hermana un regalo de cumpleaños.*

Jim: How about **in the evening**?

Lucy: The museum only opens **on** Tuesday evenings.

Jim: Okay. Well, **on** Tuesday **at a quarter to seven**?

Lucy: I'm sorry, but it's impossible. My sister works **on** Tuesday evenings and I look after her baby.

Jim: This is very complicated! Tell me when you're free.

Lucy: Well, we can see the exhibition **on** Friday morning. I can get up early and meet you at the museum. How about **at ten o'clock**?

Jim: Perfect! By the way, **what's the time**? Oh, no! **It's twenty after twelve.** I need to get back to work.

Lucy: See you **on** Friday **at ten,** then.

Jim: See you then!

***Jim**: ¿Qué tal por la noche?*

***Lucy**: El museo solo abre las noches de los martes.*

***Jim**: De acuerdo. Bueno, ¿el martes a las siete menos cuarto?*

***Lucy**: Lo siento, pero es imposible. Mi hermana trabaja los martes por la tarde y yo cuido a su bebé.*

***Jim**: ¡Esto es muy complicado! Dime cuándo estás libre.*

***Lucy**: Bueno, podemos ver la exposición el viernes por la mañana. Puedo levantarme temprano y reunirme contigo en el museo. ¿Qué tal a las diez en punto?*

***Jim**: ¡Perfecto! A propósito, ¿qué hora es? Oh, no! Son las doce y veinte. Necesito volver al trabajo.*

***Lucy**: Entonces, ¡hasta el viernes a las diez!*

***Jim**: ¡Hasta entonces!*

LET'S SPEAK ENGLISH

a Preguntar y responder acerca de la hora

Para preguntar la hora decimos:

What time is it?
What's the time? *¿Qué hora es?*

Y para responder a esta pregunta, podemos decir:

It's twenty after two.
Son las dos y veinte.

Como vemos en el ejemplo, primero expresamos los minutos y luego las horas. Entre los minutos y las horas usaremos **"after"**, si el minutero está entre las 12 y las 6, o **"to"**, si el minutero está entre las 6 y las 12, es decir, **"after"** corresponde a "y" y **"to"** corresponde a "menos".

Where can you lay your eyes on a 45-carat blue diamond with a curse on it? At the Smithsonian's National Museum of Natural History, you can visit the Hope Diamond, if you dare. This magnificent gem most likely originated in India and reportedly brings misfortune on whoever owns it. Luckily, the Smithsonian has thus far escaped the curse.

¿Dónde puedes admirar un diamante azul de 45 quilates que arrastra una maldición? En el Museo Nacional de Historia Natural de Smithsonian puedes contemplar el diamante Hope, si te atreves a hacerlo. Esta magnífica gema probablemente es originaria de la India y supuestamente lleva la desgracia a quien la posee. Afortunadamente, el Smithsonian ha escapado a esta maldición.

La forma completa es: **"It's"** + minutos + **"after/to"** + hora.

It's ten **after** one.
*Es la una **y** diez.*

It's five **to** four.
*Son las cuatro **menos** cinco.*

Para marcar las horas en punto: **"It's"** + hora + **"o'clock"**.

It's two **o'clock.**
Son las dos en punto.

It's nine **o'clock.**
Son las nueve en punto.

Para marcar las horas y media: It's **"half past"** + hora.

It's **half past** eleven.
Son las once y media.

It's **half past** four.
Son las cuatro y media.

Para marcar los cuartos: It's "**a quarter after"** / **"to"** + hora.

It's **a quarter** after eight.
Son las ocho y cuarto.

It's **a quarter** to three.
Son las tres menos cuarto.

Al decir la hora de esta manera, usaremos **"a.m"**. (/ei em/)
desde las 12 de la noche hasta las 12 del mediodía y **"p.m"**. (/pi em/)
desde las 12 del mediodía hasta las 12 de la noche, para evitar ambigüedades.

It's twenty-five to five **a.m.** *Son las 5 menos 25 de la mañana.*
It's twenty-five to five **p.m.** *Son las 5 menos 25 de la tarde.*

¿SABÍAS QUE...?

La mayoría de las personas es ciudadana de un solo país, pero algunas pueden tener doble nacionalidad. Los ciudadanos estadounidenses pueden ser nativos del país, nacidos en el extranjero o nacionalizados. Ellos deben lealtad a los Estados Unidos y tienen derecho a su protección.

En algunos países de lengua inglesa se utiliza **"past"** en lugar de **"after"**:

7:20	It's twenty **past** seven	*Son las siete y veinte*

Pero las horas también pueden decirse como aparecen en relojes digitales, es decir, diciendo la hora y luego los minutos, sin añadir nada entre ambos.

2:15	It's two fifteen.	*Son las dos quince.*
6:55	It's six fifty-five.	*Son las seis cincuenta y cinco.*
9:30	It's nine thirty.	*Son las nueve treinta.*

Cuando queramos expresar exactitud en una hora, usaremos **"sharp"**:

The office opens at nine o'clock **sharp**.
La oficina abre a las nueve en punto.

Más ejemplos:

10:05	It's five after ten. It's ten five.	*Son las diez y cinco.*
12:35	It's twenty-five to one. It's twelve thirty-five.	*Es la una menos veinticinco.*
3:50	It's ten to four. It's three fifty.	*Son las cuatro menos diez.*
6:30	It's half past six. It's six thirty.	*Son las seis y media.*
7:10 a.m.	It's ten past seven. /ei em/ It's seven ten. /ei em/	*Son las siete y diez de la mañana.*

Most people are citizens of only one country, but some can have dual nationality. U.S. citizens can be native-born, foreign-born, or naturalized. They owe their allegiance to the United States and are entitled to its protection.

8:15 p.m.	It's a quarter after eight. /pi em/ It's eight fifteen. /pi em/	*Son las ocho y cuarto de la noche.*
4:05	It's five after four. It's four o five.	*Son las cuatro y cinco.*

De esta manera podemos preguntar y decir la hora, así como la hora en que tiene lugar algún evento o acción. En este caso, aparece la preposición **"at"** (a las).

What time is it?
¿Qué hora es?
What time is the concert?
¿A qué hora es el concierto?
What time do you get up?
¿A qué hora te levantas?
The lesson is **at** a quarter after four.

It's twenty-five to six.
Son las seis menos veinticinco
It's **at** nine o'clock.
Es a las nueve en punto.
I get up **at** seven thirty.
Me levanto a las siete y media.
La clase es a las cuatro y cuarto.

b Los meses del año - *The months of the year*

En inglés, los meses del año se escriben siempre con letra mayúscula y son los siguientes:

January	**February**	**March**	**April**	**May**	**June**
enero	febrero	marzo	abril	mayo	junio
July	**August**	**September**	**October**	**November**	**December**
julio	agosto	septiembre	octubre	noviembre	diciembre

¿SABÍAS QUE...?

Comúnmente denominada "la Corte Superior del Territorio", el edificio de la Corte Suprema de los EE.UU. cuenta con una casi desconocida cancha de baloncesto en el quinto piso.

GRAMÁTICA FÁCIL

a El artículo determinado "the"

El artículo determinado **"the"** significa "el, la, los, las", es decir, se usa tanto para el masculino y femenino, como para el singular y plural.

the car, **the** cars	*el auto, los autos*
the house, **the** houses	*la casa, las casas*

"The" se utiliza:

- Cuando el hablante y el oyente conocen aquello que se trata:

The book is interesting.	*El libro es interesante (todos saben qué libro).*

- Al referirnos a algo mencionado anteriormente:

These are my children.	*Éstos son mis hijos.*
The boy is Tom.	*El niño es Tom.*

- Al hablar de algo único:

He is **the** president.	*Él es el presidente.*
I can see **the** moon from here.	*Puedo ver la luna desde aquí.*

- Con nombres de hoteles, restaurantes, museos, periódicos, teatros, etc.:

I work at **the** Royal Hotel.	*Trabajo en el Hotel Royal.*
I often read **the** Miami Herald.	*A menudo leo el Miami Herald.*

Commonly referred to as "Highest Court in the Land," the U.S Supreme Court building features a little-known full basketball court on the fifth floor.

b Ausencia de artículo

No se utiliza artículo:

- Al referirnos a un nombre de manera general:

  Money is important.
  El dinero es importante.

  Cats are nice animals.
  Los gatos son animales bonitos.

- Con los días de la semana y las estaciones del año:

  The class is **on Mondays**. — *La clase es los lunes.*

  It usually snows **in winter**. — *Normalmente nieva en (el) invierno.*

- Con la hora:

  It's seven o'clock. — *Son las siete en punto.*

  The match is **at 2:30**. — *El partido es a las 2:30.*

- En algunas expresiones:

watch television:	*ver la televisión*
have breakfast:	*desayunar (tomar el desayuno)*
have lunch:	*almorzar (tomar el almuerzo)*
have dinner:	*cenar (tomar la cena)*

She is **having breakfast**. — *Ella está desayunando (tomando el desayuno).*

I never **watch television** at night. — *Nunca veo la televisión por la noche.*

¿SABÍAS QUE...?

Tres de los cinco ríos más antiguos del mundo se encuentran en los Estados Unidos. Los ríos New, Susquehanna y French Broad tienen cientos de millones de años.

Cuando el verbo **"to play"** significa "jugar" no se usa **"the"** junto al juego o deporte, pero si significa "tocar" (música), el artículo sí aparece junto al instrumento:

I want to **play baseball**.	*Quiero jugar al béisbol.*
He **plays the guitar** in a band.	*Él toca la guitarra en una banda.*

- Ante una persona con título o tratamiento:

Mr. Jones (*el Sr. Jones*)	**President Sánchez** (*el presidente Sánchez*)
Mrs. Kelly is tall and pretty.	*La Sra. Kelly es alta y bonita.*

C Preposiciones de tiempo "in, on, at"

"In", **"on"** y **"at"** son preposiciones muy usadas en expresiones de tiempo.

"In" se usa:

- Con meses, estaciones y años:

The exam is **in** April.	*El examen es en abril.*
It's hot **in** summer.	*Hace calor en verano.*
He was born **in** 1975.	*Él nació en 1975.*

- Con partes del día:

in the morning	*por la mañana*
in the afternoon	*por la tarde*
in the evening	*por la tarde / noche*
pero: **at** night	*por la noche*
They get up early **in** the morning.	*Ellos se levantan temprano por la mañana.*

Three of the world's five oldest rivers are in the United States. The New, the Susquehanna, and the French Broad rivers are each hundreds of millions of years old.

"On" se usa:

- Al referirnos a un día o a una fecha determinada:

I go to the gym **on** Wednesdays.
Voy al gimnasio los miércoles.

My birthday is **on** July 12th.
Mi cumpleaños es el 12 de julio.

- Si nos referimos a un día y a una parte de ese día, se usa **"on"**, pero desaparece **"in the"** delante de la parte del día:

I usually go out **on** Saturday evenings.
Normalmente salgo los sábados por la noche.

"At" se usa:

- Al hablar de horas:

I start work **at** 8:00.
Empiezo a trabajar a las 8:00.

They have lunch **at** noon.
Ellos almuerzan al mediodía.

- Con ciertos períodos de tiempo:

at Christmas *en Navidad*

at Easter *en Semana Santa*

I usually visit my family **at** Christmas.
Normalmente visito a mi familia en Navidad.

UNIDAD 11

EN ESTA UNIDAD ESTUDIAREMOS

LET'S SPEAK ENGLISH

a. Preguntar por lugares.
b. Números del 60 al 999.
c. El número 0.
d. Medios de transporte.

GRAMÁTICA FÁCIL

a. El imperativo. Órdenes.
b. Indicaciones de lugares.
c. Expresiones de lugar.
d. Hay (**"there is"**, **"there are"**).

DIÁLOGO

Michael llega a una ciudad por primera vez. Encuentra una oficina de turismo y pregunta por algunos lugares. Natalie le atiende en la oficina.

Natalie: Good morning! How can I help you?

Michael: Good morning! **Where is** the town hall, please?

Natalie: The town hall is **at** 230 New Street, **on** the boardwalk.

Michael: **Is** it **far from here**?

Natalie: **On foot**, it's about thirty minutes. **By bus** or **by car,** it takes around ten minutes.

Michael: What number bus do I need to catch?

Natalie: The number 107. It stops just **in front of** the tourist office and stops just **across from** the town hall.

Michael: And **is there** a supermarket **near here**?

Natalie: No, **there isn't.** The nearest supermarket is **next to** the church, **on** Smith Road.

Michael: **How can I get** there **on foot**?

Natalie: **Go along** this street up to the roundabout, then **turn right** and **walk up to** the post office. At the post office, **turn left** and **go straight ahead**. **Take the second right**, and the supermarket is **on the corner**.

***Natalie**: ¡Buenos días! ¿En qué puedo ayudarle?*

***Michael**: ¡Buenos días! ¿Dónde está el ayuntamiento, por favor?*

***Natalie**: El ayuntamiento está en New Street, 230, en el paseo marítimo.*

***Michael**: ¿Está lejos de aquí?*

***Natalie**: A pie, son unos treinta minutos. En autobús o auto se tardan unos diez minutos.*

***Michael**: ¿Qué autobús necesito tomar?*

***Natalie**: El número 107. Tiene una parada justo delante de la oficina de turismo y se detiene justo enfrente del ayuntamiento.*

***Michael**: ¿Y hay algún supermercado cerca de aquí?*

***Natalie**: No. El supermercado más cercano está junto a la iglesia, en Smith Road.*

***Michael**: ¿Cómo puedo llegar allí a pie?*

***Natalie**: Siga esta calle hasta a la rotonda, doble a la derecha y camine hasta la oficina de correos. En la oficina de correos, doble a la izquierda y siga adelante. Tome la segunda a la derecha y el supermercado está en la esquina.*

Michael: Thank you very much.

Natalie: Can I help you with anything else?

Michael: Yes. **Are there** any good bookstores in the city?

Natalie: **Yes, there are.** One of them is **near** the supermarket, **on** Smith Road.

Michael: Thank you. And, finally, could you tell me **how to get to** the train station, please?

Natalie: The train station is **on** Dyke Road. **Take** the number 230 bus to the shopping mall, and when you get off the bus, **turn right, go straight,** and you will see the train station **in front of** you.

Michael: Thank you very much for all your help. **Is there** a map of the city I can take with me?

Natalie: Yes, **there is.** One moment, please. *(She gets a map)* Here you are.

Michael: Thank you. Good bye!

***Michael**: Muchas gracias.*

***Natalie**: ¿Le puedo ayudar en algo más?*

***Michael**: Sí. ¿Hay buenas librerías en la ciudad?*

***Natalie**: Sí, las hay. Una de ellas está cerca del supermercado, en Smith Road.*

***Michael**: Gracias. Y, por último, ¿podría decirme cómo llegar a la estación de trenes, por favor?*

***Natalie**: La estación de trenes está en Dyke Road. Tome el autobús número 230 hasta el centro comercial, y, cuando se baje del autobús, doble a la derecha, siga recto y verá la estación delante de usted.*

***Michael**: Muchas gracias por su ayuda. ¿Hay algún mapa de la ciudad que me pueda llevar?*

***Natalie**: Sí. Un momento, por favor. (Consigue un mapa) Aquí tiene.*

***Michael**: Gracias. ¡Adiós!*

LET'S SPEAK ENGLISH

a Preguntar por lugares

Para preguntar dónde se encuentra un lugar podemos decir:

Where is the post office?	*¿Dónde está la oficina de correos?*
Where's the bank?	*¿Dónde está el banco?*
Is there a school **near** here?	*¿Hay una escuela cerca de aquí?*
Is the shop **near** here?	*¿Está la tienda cerca de aquí?*
Is it **far from** here?	*¿Está lejos de aquí?*

Do you want to experience augmented reality (AR)? Download the Smithsonian app and select "Smithsonian That Way" to discover the behind-the-scenes work of the Smithsonian's museums, research centers, libraries, archives, and affiliates in your neighborhood.

¿Quieres experimentar la realidad aumentada? Descarga la aplicación Smithsonian y selecciona "Smithsonian That Way" para descubrir el trabajo entre bastidores de los museos, centros de investigación, bibliotecas, archivos y centros asociados a Smithsonian en tu vecindario.

Y si lo que queremos es preguntar cómo llegar a un lugar, la forma más habitual es:

How can I get to....?	*¿Cómo puedo llegar a...? / ¿Cómo se va a .....?*
How can I get to the bookstore?	*¿Cómo puedo llegar a la librería?*
How can I get to the stadium?	*¿Cómo puedo llegar al estadio?*
How can I get to the museum?	*¿Cómo se va (puedo llegar) al museo?*

b Números del 60 al 999

60	sixty	101	one hundred one	600	six hundred
70	seventy	200	two hundred	700	seven hundred
80	eighty	227	two hundred twenty-seven	800	eight hundred
90	ninety	300	three hundred	871	eight hundred seventy-one
100	one hundred / a hundred	400	four hundred	900	nine hundred
		500	five hundred	999	nine hundred ninety-nine

¿SABÍAS QUE...?

"El tiempo es oro" es un dicho común. En los Estados Unidos el tiempo es un valor tangible, que se puede ahorrar, disfrutar, perder, encontrar, invertir y desperdiciar. Por ello se espera que la gente sea puntual y el retraso se considera irrespetuoso y maleducado.

C El número 0

Veamos dos formas de decir y escribir este número:

- **"zero"** (pronúnciese /zírou/) se utiliza en términos matemáticos, científicos o para decir la temperatura.

The temperature is 0°C (**zero** degrees Celsius).
La temperatura es 0°C.

- **"o"** (pronúnciese /ou/)

se usa para la hora, direcciones, habitaciones de hotel, etc.

It's 7:05 (seven **o** five).
Son las siete y cinco.

Como ya aprendimos en una unidad anterior, tanto **"zero"** como **"/ou/"** se usan para decir números telefónicos:

My phone number is 748 93021.
(seven-four-eight-nine-three-**zero**/**o**-two-one).

"Time is money" is a common saying. In America, time is a tangible asset, which can be saved, spent, lost, found, invested, and wasted. Arriving on time is expected, and lateness is considered disrespectful and rude.

d Medios de transporte - *Means of transportation*

Para expresar el medio de transporte que utilizamos hacemos uso de **"by"** (en).

by
- car *(en auto)*
- taxi *(en taxi)*
- bus *(en autobús)*
- train *(en tren)*
- bicycle *(en bicicleta)*
- plane *(en avión)*

Pero: **"on"** foot *(a pie)*

She goes to school **by** <u>bus</u>.	*Ella va a la escuela en autobús.*
They come home **by** <u>car</u>.	*Ellos vienen a casa en auto.*
I can go to your house **on** <u>foot</u>.	*Yo puedo ir a tu casa a pie.*

¿SABÍAS QUE...?

El 4 de julio de 1776 las trece colonias proclamaron su independencia de Inglaterra. Cada 4 de julio, también denominado "Día de la Independencia", los estadounidenses celebran este acontecimiento histórico con fuegos artificiales.

GRAMÁTICA FÁCIL

a El imperativo. Órdenes

El imperativo es la estructura que usamos para dar órdenes o instrucciones.

Se forma con el infinitivo del verbo, sin ningún pronombre delante.

Open the door!
¡Abre la puerta!

Shut up!
¡Cállate!

Shake before use.
Agitar antes de usar.

Cuando se quiera dar una orden o instrucción negativa, hay que añadir **"don't"** delante del infinitivo:

Don't open the door!	*¡No abras la puerta!*
Don't speak nonsense!	*¡No digas tonterías!*
Don't phone before six.	*No llame antes de las seis.*

On July 4, 1776, the thirteen colonies claimed their independence from England. Each year on July 4th, also known as Independence Day, Americans celebrate this historic event with fireworks.

b Indicaciones de lugares

Cuando se indica cómo llegar a un lugar, se suelen utilizar las siguientes expresiones:

To **go up** / **down** the street	*seguir la calle*
To **go straight ahead** / **on**	*seguir adelante / derecho*
To **go across** / **cross** the street	*cruzar la calle*
To **go** / **walk (up) to**	*ir hasta*
To **turn right** / **left**	*doblar a la derecha / izquierda*
To **take the second right** / **left**	*tomar la segunda calle a la derecha / izquierda*

Y se usan en imperativo:

Go straight ahead, **take** the second right, **cross** the street, **turn** left, **go up** to the square and there is the shoe shop.

Siga adelante, tome la segunda calle a la derecha, cruce la calle, doble a la izquierda, vaya hasta la plaza y allí está la zapatería.

c Expresiones de lugar

Estas expresiones se utilizan para describir la ubicación de un lugar. Entre ellas están:

near	*cerca*	**far (from)**	*lejos (de)*
next to	*junto a, al lado de*		
behind	*detrás (de)*	**in front (of)**	*delante (de)*
across from	*enfrente de*		
between	*entre (dos)*	**on the corner**	*en la esquina*

¿SABÍAS QUE...?

Kilauea es uno de los volcanes más activos del mundo. Ha estado arrojando lava desde 1983 y ocupa el 14 por ciento de la superficie de Big Island, en Hawai.

The hairdresser's is **on the corner**.
La peluquería está en la esquina.

The bank is **between** the bakery and the school.
El banco está entre la panadería y la escuela.

There's a gym **across from** the supermarket.
Hay un gimnasio enfrente del supermercado.

My house is **next to** the florist's.
Mi casa está junto a la floristería.

Her car is **near** the church.
Su auto está cerca de la iglesia.

I live **far from** you.
Yo vivo lejos de ti.

Para referirse a una calle se usa la preposición **"on"**:
The shopping mall is **on** Oak street.
El centro comercial está en la calle Oak.

Pero si es una dirección, es decir, calle y número, se usa **"at"**:
Her house is **at** 56 Madison Avenue.
Su casa está en la avenida Madison, Nº 56.

d Hay - *There is, there are*

La expresión **"hay"** equivale a las formas **"there is"** y **"there are"**.

- "There is" se utiliza con **nombres incontables** o **nombres contables en singular** y se puede contraer en **"there's"**:

Kilauea is one of the world's most active volcanoes. It has been spewing lava since 1983, and it takes up 14 percent of the land mass on the Big Island of Hawaii.

There's some milk in the glass. *Hay leche en el vaso.*

There is a church on Galven Street. *Hay una iglesia en la calle Galven.*

- **"There are"** se usa con **nombres contables en plural** y no se puede contraer:

There are two shops near my house. *Hay dos tiendas cerca de mi casa.*

- En negaciones se usan **"there isn't (there is not)"** y **"there aren't (there are not)"**:

There isn't a bank there.
No hay un banco allí.

There aren't three hotels in the city.
No hay tres hoteles en la ciudad.

- Para realizar preguntas se invierte el orden: **Is there ...?**, **Are there ...?**

Is there a post office near here?
¿Hay una oficina de correos cerca de aquí?

Are there any shoe stores?
¿Hay tiendas de zapatos?

- Las preguntas anteriores se pueden responder afirmativa y negativamente de forma corta:

Is there a post office near here? **Yes, there is**.
¿Hay una oficina de correos cerca de aquí? Sí, la hay.

Are there any shoe stores? **No, there aren't**.
¿Hay tiendas de zapatos? No, no hay.

APRENDE VOCABULARIO Y

Means of transport *Medios de transporte*

Airplane.	*Avión.*
Bicycle.	*Bicicleta.*
Bus.	*Autobús.*
Car.	*Automóvil.*
Helicopter.	*Helicóptero.*
Subway / Metro.	*Metro.*
Motorcycle.	*Motocicleta.*
Train.	*Tren.*
Truck.	*Camión.*

PRACTICA TU PRONUNCIACIÓN

Useful expressions	*Expresiones útiles*
All right.	*Está bien.*
Come in.	*Pase.*
Come here, please.	*Venga por aquí, por favor.*
Don't worry!	*¡No te preocupes!*
For example.	*Por ejemplo.*
Good luck!	*¡Buena suerte!*
Great idea!	*¡Excelente idea!*
Have a nice day!	*¡Qué tenga un buen día!*
Help yourself!	*¡Sírvete algo!*
Here you are.	*Aquí tienes.*
Hurry up!	*¡Apúrate!*
I agree.	*Estoy de acuerdo.*
I disagree.	*No estoy de acuerdo.*
I don't care.	*No me importa.*
I don't know.	*No lo sé.*
I'm coming!	*¡Ya voy!*
I'm afraid ...	*Me temo que...*
It's a deal!	*¡Trato hecho!*
Stay well!	*¡Qué sigas bien!*
Let me think.	*Déjame pensar.*
Let's go!	*¡Vamos!*
Right now.	*En este momento.*
Sounds good!	*¡Suena bien!*
Sure.	*Seguro.*
Take a seat.	*Tome asiento.*
Take care!	*¡Cuídate!*

Practica ahora tu pronunciación en http://inglesamerica.com/

UNIDAD 12

EN ESTA UNIDAD ESTUDIAREMOS

LET'S SPEAK ENGLISH

a. Llamar a alguien por el nombre.

b. La palabra **"right"**.

GRAMÁTICA FÁCIL

a. El pasado simple del verbo **"to be"**.

b. El pasado simple de verbos regulares.

c. El pasado simple de verbos irregulares

DIÁLOGO

Sally es guía turística y está hablando con Luke Jenkins, un huésped de un hotel.

Sally: Good afternoon, Mr. Jenkins.

Luke: **Please, call me Luke.**

Sally: **All right** then, Luke. Are you enjoying your stay in the city?

Luke: Yes, thank you. **Yesterday** we **went** sightseeing and **had** a good time. We **had dinner** in a really good place, next to the bridge.

Sally: I know that place. It's called The Black Tree, isn't it?

Luke: **That's right!**

Sally: And what **did you do last night?**

Luke: We **went** to a good bar downtown, but it **was** very expensive.

Sally: **You're right**, downtown is very expensive for going out. When **did you arrive** in the city?

***Sally**: Buenas tardes, Sr. Jenkins.*

***Luke**: Por favor, llámame Luke.*

***Sally**: De acuerdo, Luke. ¿Están disfrutando su estadía en la ciudad?*

***Luke**: Sí, gracias. Ayer estuvimos de turismo y lo pasamos muy bien. Cenamos en un sitio realmente bueno, junto al puente.*

***Sally**: Conozco ese lugar. Se llama The Black Tree, ¿verdad?*

***Luke**: ¡Así es!*

***Sally**: ¿Y qué hicieron anoche?*

***Luke**: Fuimos a un buen bar en el centro de la ciudad, pero era muy caro.*

***Sally**: Tiene razón. El centro de la ciudad es muy caro para salir. ¿Cuándo llegaron ustedes a la ciudad?*

WHAT DID YOU DO YESTERDAY?
I VISITED THE PALACE AND SOME OTHER MONUMENTS.

Luke: We **arrived a week ago**. We **stayed** in another hotel before we **came here**.

Sally: What other monuments **did you visit**?

Luke: Well, **last week** we **visited** the palace and some old churches. They **were** magnificent.

Sally: And what are you going to do this afternoon?

Luke: Well, **right now** I'd like to have a rest. We **spent** all morning walking around downtown. My wife **wanted** to go shopping!

Sally: Well, have a good rest, Luke. Don't forget to wake up in time for the fireworks tonight!

Luke: Okay, thank you.

Sally: If you need some more help or information, I'll be **right here**.

Luke: *Llegamos hace una semana. Nos quedamos en otro hotel antes de venir aquí.*

Sally: *¿Qué otros monumentos visitaron?*

Luke: *Bueno, la semana pasada visitamos el palacio y algunas iglesias antiguas. Eran magníficas.*

Sally: *¿Y qué van a hacer esta tarde?*

Luke: *Bueno, ahora mismo me gustaría descansar. Pasamos toda la mañana caminando por el centro de la ciudad. ¡Mi esposa quería ir de compras!*

Sally: *Bueno, que descanse, Luke. No olvide despertarse a tiempo para los fuegos artificiales de esta noche.*

Luke: *De acuerdo. Gracias.*

Sally: *Si necesita más ayuda o información, estaré aquí mismo.*

LET'S SPEAK ENGLISH

a Llamar por el nombre

Cuando queramos que alguien nos llame por nuestro nombre, o por cualquier apelativo, podemos utilizar cualquiera de las expresiones siguientes:

My name is James but [**please, call me Jimmy**. / **you can call me Jimmy**. / **just call me Jimmy**.

Me llamo James pero [*por favor, llámame Jimmy.* / *me puedes llamar Jimmy.* / *llámame simplemente Jimmy.*

Would you like to see the over-200-year-old flag that inspired the song played before every major sporting event in America: the Star Spangled Banner? Or the top hat worn by Abraham Lincoln on the night of his assassination? To find these, along with Muhammad Ali's boxing gloves and Dorothy's ruby slippers from the movie *The Wizard of Oz*, visit the Smithsonian National Museum of American History.

¿Te gustaría ver la bandera de más de 200 años que inspiró "the Star Spangled Banner" — el himno que suena antes de cada evento deportivo importante en los EE.UU. — o el sombrero de copa que llevaba Abraham Lincoln la noche que fue asesinado? Para encontrarlos, al igual que para ver los guantes de boxeo de Muhammad Ali y las zapatillas de rubí de Dorothy en la película *El mago de Oz*, visita el Museo Nacional de Historia Americana.

b La palabra "right"

"Right" se puede utilizar en diferentes situaciones. A continuación vamos a mostrar algunas expresiones que la contienen.

"All right" se utiliza para mostrar acuerdo. Equivale a "está bien", "de acuerdo".

- Is she British?	- *¿Es ella británica?*
- No, she is American.	- *No, es estadounidense.*
- Ah! **All right**.	- *¡Ah! De acuerdo.*

"That's right" se usa para confirmar algo que se ha dicho. Equivale a "así es", "eso es".

- So you live in Florida.	- *Así que vives en Florida.*
- Yes, **that's right!**	- *Sí, así es.*

"Right here" equivale a "aquí mismo", al igual que **"right there"** a "allí mismo".

Leave this package **right here**.
Deja este paquete aquí mismo.

You can buy the newspaper **right there.**
Puedes comprar el periódico allí mismo.

"Right now" significa "ahora mismo".

I'm studying English **right now**.
Ahora mismo estoy estudiando inglés.

"To be right" (**"I'm right"**, **"you're right"**, **"he's right"** ...) significa "tener razón".

- Barbara looks like Annie.	- *Bárbara se parece a Annie.*
- Yes, **you're right**.	- *Sí, tienes razón.*

¿SABÍAS QUE...?

Un aspecto importante de la cultura estadounidense es el "Sueño americano": la creencia de que cada persona puede tener éxito si se esfuerza en el trabajo. Los estadounidenses valoran los logros individuales y la iniciativa personal.

GRAMÁTICA FÁCIL

El **pasado simple** es el tiempo que usamos cuando nos referimos a **acciones** que ocurrieron **en el pasado** y ya están **acabadas**.

A continuación estudiaremos el pasado simple, tanto de verbos regulares como irregulares, así como del verbo **"to be"**.

a El pasado simple del verbo "to be"

Se refiere a estados o situaciones que tuvieron lugar en el pasado y ya finalizaron.

Tiene dos formas: **"was"** y **"were"**, según la persona que realizara la acción.

- De manera afirmativa:

I	**was**	*yo era, estaba, fui, estuve*
you	**were**	*tú eras, estabas, fuiste, estuviste* *usted era, estaba, fue, estuvo*
he	**was**	*él era, estaba, fue, estuvo*
she	**was**	*ella era, estaba, fue, estuvo*
it	**was**	*(ello) era, estaba, fue, estuvo*
we	**were**	*nosotros/as éramos, estábamos, fuimos, estuvimos*
you	**were**	*ustedes eran, estaban, fueron, estuvieron*
they	**were**	*ellos/as eran, estaban, fueron, estuvieron*

I **was** in Chicago in 2007.	*Estuve en Chicago en 2007.*
He **was** at the party.	*Él estuvo en la fiesta.*
They **were** ill last week.	*Ellos estuvieron enfermos la semana pasada.*

An important aspect of U.S. culture is the American Dream: the belief that every individual can succeed by working hard. Americans value individual achievement and personal initiative.

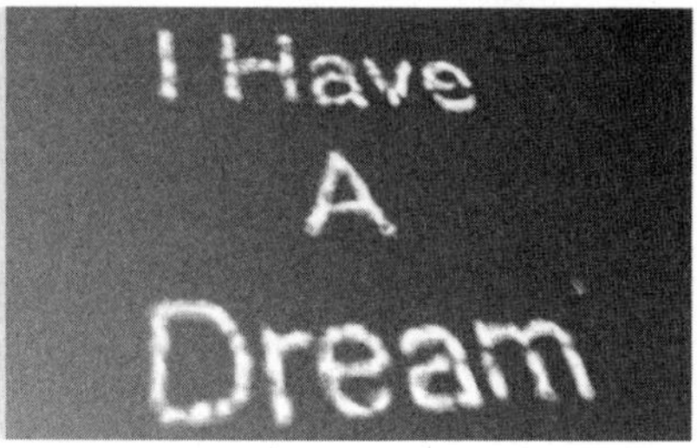

- Para expresar frases negativas utilizaremos **"was not (wasn't)"** y **"were not (weren't)"**:

I **wasn't** there.	*Yo no estaba / estuve allí.*
You **weren't** happy.	*Tú no eras feliz.*

- Para preguntar colocamos **"was"** y **"were"** delante del sujeto:

Were you tired after the game?
¿Estaban ustedes cansados después del partido?

When **was** she a model?
¿Cuándo fue ella modelo?

- En respuestas cortas:

Was Linda a teacher? *¿Era Linda profesora?*	→ Yes, she **was.**	*Sí, lo era.*
	→ No, she **wasn't.**	*No, no lo era.*
Were they at work yesterday? *¿Estuvieron ellos en el trabajo ayer?*	→ Yes, they **were**.	*Sí.*
	→ No, they **weren't**.	*No.*

b El pasado simple de verbos regulares

Un verbo es regular cuando su pasado y su participio se forman añadiendo **"-ed"** al infinitivo del verbo.

Tienen una única forma para todas las personas.

Forma afirmativa del pasado simple:

[**"To clean"**: limpiar]

I	**cleaned**	*yo limpié, limpiaba*
you	**cleaned**	*tú limpiaste, limpiabas / usted limpió, limpiaba*
he	**cleaned**	*él limpió, limpiaba*

¿SABÍAS QUE...?

La letra de "The Star-Spangled Banner" se tomó de un poema escrito por Francis Scott Key durante la Guerra de 1812. En 1931 se le adaptó música y hoy es el himno nacional de los EE.UU. que escuchas cantado antes de los eventos deportivos.

she	**cleaned**	*ella limpió, limpiaba*
it	**cleaned**	*limpió, limpiaba*
we	**cleaned**	*nosotros/as limpiamos, limpiábamos*
you	**cleaned**	*ustedes limpiaron, limpiaban*
they	**cleaned**	*ellos/as limpiaron, limpiaban*

Para formar el pasado de un verbo regular:

I) La regla general es añadir "**ed**" al infinitivo del verbo: **"work-worked"**.

I **worked** for that company. *Yo trabajé para esa compañía.*

II) Si el infinitivo acaba en **"e"**, solo se añade **"d"**: **"live-lived"**.

She **lived** in London. *Ella vivió / vivía en Londres.*

III) Cuando el infinitivo acaba en **"y"**:

- si la **"y"** tiene delante una vocal, se añade **"ed"**: **"play-played"**.

They **played** basketball. *Ellos jugaron / jugaban al baloncesto.*

- si la "**y**" tiene delante una consonante, cambia a **"i"** y se añade **"ed"**: **"study-studied"**.

We **studied** for the test. *Estudiamos para el examen.*

IV) Si el infinitivo acaba en la serie de letras "consonante-vocal-consonante" y la última sílaba es la acentuada, antes de añadir **"ed"** se dobla la última consonante: **"plan-planned"**.

I **planned** my vacations last month. *Planeé mis vacaciones el mes pasado.*

V) Pero si acaba en esa serie de letras y la última sílaba no recibe el acento, solo se añade **"ed"**: **"visit-visited"**.

I **visited** my aunt last week. *Visité a mi tía la semana pasada.*

"The Star-Spangled Banner" was taken from a poem written by Francis Scott Key during the War of 1812. In 1931, it was set to music, and it is now the U.S. national anthem, which you hear sung before sporting events.

Hay que hacer notar que en algunos países de lengua inglesa, si se cumple esta última regla pero el infinitivo acaba en **"l"**, ésta se duplica antes de añadir **"-ed"**.

"cancel-cancelled" (cancelar) **"travel-travelled"** (viajar)

- Para hacer frases negativas en pasado usamos el auxiliar **"did not (didn't)"**, que acompañará al verbo en infinitivo (no en pasado):

My mother **didn't live** in the USA.
Mi madre no vivía / vivió en los EE.UU.

They **didn't work** in the morning.
Ellos no trabajaron / trabajaban por la mañana.

- Para realizar preguntas se utiliza **"did"** delante del sujeto y del verbo en infinitivo (no en pasado):

Did you **travel** to Europe last year?
¿Viajaste a Europa el año pasado?

When **did** she **visit** her family?
¿Cuándo visitó ella a su familia?

- **"Did"** y **"didn't"** se usan también en respuestas cortas:

Did you like the movie? *¿Te gusto la película?*	→	Yes, I **did.**	*Sí, me gustó.*
	→	No, I **didn't.**	*No, no me gustó.*

C El pasado simple de verbos irregulares

Un verbo es irregular cuando su pasado, su participio, o ambos, no se forman añadiendo **"ed"** al infinitivo del verbo.
Son muchos los verbos que son irregulares en inglés y cada uno con un tipo de irregularidad, por lo que la única regla para aprenderlos será practicarlos y memorizarlos.

¿SABÍAS QUE...?

Las tres cadenas montañosas principales de los Estados Unidos son las Montañas Rocosas, los Apalaches y la cordillera de las Cascadas.

- Para usarlos de forma afirmativa se toma el verbo en pasado, que es igual para todas las personas:

[**"To go"**: ir. Pasado: went]

We **went** to the theater last month.
Fuimos al teatro la semana pasada.

She **went** to Paris in November.
Ella fue a París en noviembre.

They **went** to school in the morning.
Ellos fueron a la escuela por la mañana.

- En frases negativas, al igual que con los verbos regulares, utilizaremos **"didn't"** y el infinitivo del verbo:

My parents **didn't buy** a new car.	*Mis padres no compraron un auto nuevo.*
I **didn't break** the vase.	*Yo no rompí el jarrón.*
She **didn't sing** her songs.	*Ella no cantó sus canciones.*
Our dog **didn't eat** meat.	*Nuestro perro no comió carne.*

- Para hacer preguntas usamos **"did"** delante del sujeto y el verbo en infinitivo:

Did you **see** Tom?	*¿Viste a Tom?*
What **did** you **do**?	*¿Qué hiciste?*

- En respuestas cortas:

Did you read the newspaper yesterday?
¿Leíste el periódico ayer?

→ Yes, I **did.** *Sí.*
→ No, I **didn't.** *No.*

The three major mountain ranges in the United States are the Rocky Mountains, the Appalachian Mountains, and the Cascade Mountains.

Al usar el pasado muchas veces aparecerán también expresiones de tiempo como:

"yesterday" *ayer* He didn't come to the meeting **yesterday**.
Él no vino a la reunión ayer.

I) Si decimos **"yesterday"** y una parte del día, no se usan artículos ni preposiciones entre ambas palabras:

They phoned me **yesterday morning**.
They phoned me yesterday in the morning. ← No
Ellos me telefonearon ayer por la mañana.

Did she study **yesterday evening**?
Did she study yesterday in the evening? ← No
¿Estudió ella ayer por la noche?

II)

Last	**"week"**	*la semana pasada*
	"month"	*el mes pasado*
	"year"	*el año pasado*
	"night"	*anoche (la pasada noche)*

I saw your cousin **last week**. *Vi a tu prima la semana pasada.*

They bought their apartment **last year**. *Ellos compraron su apartamento el año pasado.*

She didn't watch TV **last night**. *Ella no vio la televisión anoche.*

III) período de tiempo + **"ago"** *hace + período de tiempo*

I met your father <u>two months</u> **ago**.
Conocí a tu padre hace dos meses (dos meses atrás).

We sent that letter <u>three weeks</u> **ago**.
Enviamos esa carta hace tres semanas.

UNIDAD 13

EN ESTA UNIDAD ESTUDIAREMOS

LET'S SPEAK ENGLISH

a. Vocabulario: los alimentos.
b. Formas de presentar productos.
c. Pedir un producto en una tienda.

GRAMÁTICA FÁCIL

a. Nombres contables e incontables.
b. Cuantificadores (**"some"**, **"any"**).
c. Preguntar acerca de cantidades y precios.
d. Uso de la forma **"will"** para decisiones espontáneas.

DIÁLOGO

Nicola está en el mercado. Quiere comprar algunos alimentos. John le atiende en su establecimiento.

Nicola: Good morning! **I'll take a dozen eggs**, please. **How much** are they?

John: They're $1.20 for **a dozen**. Anything else?

Nicola: Yes. I'd like **some carrots** too. **How many** can I get for $2.50?

John: About ten. Or you can buy **a bag of carrots** for $2.00.

Nicola: Okay. **I'll take a bag of carrots**. Have you got **any spinach**?

John: Yes, there's **some** there, next to the **tomatoes**.

Nicola: It looks a bit old. I think **I'll take some cabbage** instead.

John: That's fine. Anything else?

Nicola: **A piece of cheese**, please. The cheddar looks nice.

John: It's very good cheese.

Nicola: **How much** is it?

***Nicola**: Buenos días. Me llevaré una docena de huevos, por favor. ¿Cuánto cuesta?*

***John**: Cuesta $1.20 la docena. ¿Algo más?*

***Nicola**: Sí. Quisiera algunas zanahorias también. ¿Cuántas me puedo llevar por $2.50?*

***John**: Unas diez. O puede comprar una bolsa de zanahorias por $2.00.*

***Nicola**: De acuerdo. Me llevo la bolsa de zanahorias. ¿Tiene espinacas?*

***John**: Sí, hay algunas allá, junto a los tomates.*

***Nicola**: Parecen un poco pasadas. Creo, en cambio, que me llevaré algo de col.*

***John**: Está bien. ¿Algo más?*

***Nicola**: Un trozo de queso, por favor. El cheddar tiene buen aspecto.*

***John**: Es muy buen queso.*

***Nicola**: ¿Cuánto cuesta?*

John: It's $4.45 a pound.
Nicola: Okay. **I'll take some beef steaks** as well.
John: **How many?**
Nicola: Three, please. And **a bag of potatoes**. **How much** are the grapes?
John: They're $2.50 for **a bunch**.
Nicola: I don't know. That's a bit expensive, but they look nice. **I'll take** them! **A bunch of grapes** too, please.
John: Is that all?
Nicola: Just one more thing. Have you got **any milk**?
John: Yes, it's there, next to the **cheese**.
Nicola: Okay. **I'll take** two **cartons of milk**. **How much** is that all together?
John: That's $50.50.
Nicola: Here you are.
John: Would you like a bag?
Nicola: Yes, please. Thank you very much. Goodbye!

***John**: $4.45 la libra.*
***Nicola**: De acuerdo. Me llevaré algunos filetes de res también.*
***John**: ¿Cuántos?*
***Nicola**: Tres, por favor. Y una bolsa de patatas. ¿Cuánto cuestan las uvas?*
***John**: Cuesta $2.50 el racimo.*
***Nicola**: No sé. Son un poco caras, pero tienen buen aspecto. ¡Me las llevo! Un racimo de uvas también, por favor.*
***John**: ¿Es todo?*
***Nicola**: Una cosa más. ¿Tiene leche?*
***John**: Sí, está allá, junto al queso.*
***Nicola**: Bien. Me llevaré dos cartones de leche. ¿Cuánto es todo junto?*
***John**: Son $50.50.*
***Nicola**: Aquí tiene.*
***John**: ¿Quiere una bolsa?*
***Nicola**: Sí, por favor. Muchas gracias. Adiós.*

LET'S SPEAK ENGLISH

a Vocabulario: Los alimentos - *Food*

Aprendamos un poco de vocabulario acerca de los alimentos:

MEAT	*CARNE*
beef	*carne de res*
lamb	*cordero*
chicken	*pollo*
pork	*cerdo*
steak	*filete*

DAIRY PRODUCTS	*PRODUCTOS LÁCTEOS*
milk	*leche*
cheese	*queso*
butter	*mantequilla*
cream	*nata, crema*
yogurt	*yogur*

Q?rius (pronounced "curious") is a hands-on discovery room featuring real Smithsonian National Museum of Natural History objects and artifacts. There, visitors of all ages can look at fossils, skulls, shells, and minerals; examine butterfly wings or rocks under a real microscope; touch and explore collections of exciting objects; and much more!

Q?rius (pronúnciese "curious") es un espacio práctico de descubrimiento que muestra objetos y artefactos del Museo Nacional de Historia Natural de Smithsonian. En él, visitantes de todas las edades pueden contemplar fósiles, cráneos, caparazones y minerales, examinar alas de mariposa o rocas en el microscopio, tocar y explorar colecciones de objetos fascinantes, ¡y muchas cosas más!

VERDURAS
VEGETALES

cabbage	*col*
lettuce	*lechuga*
carrot	*zanahoria*
spinach	*espinaca*
onion	*cebolla*
pepper	*pimiento, ají*
potato	*papa*

FISH AND SEAFOOD
PESCADO Y MARISCO

sardine	*sardina*
tuna	*atún*
mussels	*mejillones*
prawn	*langostino*
lobster	*langosta*

FRUIT
FRUTA

orange	*naranja*
apple	*manzana*
banana	*plátano, banana*
pineapple	*piña*
grapes	*uvas*
strawberry	*fresa*
lemon	*limón*
mango	*mango*

OTHERS
OTROS

rice	*arroz*
corn	*maíz*
flour	*harina*
egg	*huevo*
pasta	*pasta*

¿SABÍAS QUE...?

La Oficina del Censo de los EE.UU. estima que en el país se hablan más de 300 idiomas y se practica casi la totalidad de las religiones conocidas.

b Formas de presentar productos

Los alimentos se suelen presentar con distintos tipos de envase o contenedor, o bien en ciertas cantidades. Así:

a bag of potatoes	*una bolsa (funda) de papas*
a bottle of wine	*una botella de vino*
a box of cereal	*una caja de cereales*
a bunch of grapes	*un racimo de uvas*
a can of coke	*una lata de cola*
a carton of milk	*un cartón de leche*
a dozen eggs*	*una docena de huevos*
a jar of jam	*un bote de mermelada*
a loaf of bread	*una hogaza de pan*
a piece of cheese	*un trozo (porción) de queso*
a six-pack of beer	*un pack de seis cervezas*

* Esta expresión no usa la preposición **"of"**.

We need to buy **a carton of** orange juice, **a bunch of** bananas, **two cans of** beer, **a dozen** eggs and **a loaf of** bread for the dinner.

Necesitamos comprar un cartón de jugo de naranja, un racimo de plátanos, dos latas de cerveza, una docena de huevos y una hogaza de pan para la cena.

The U.S. Census Bureau estimates that more than 300 languages are spoken in the United States, and nearly every known religion is practiced.

C Pedir un producto en una tienda

Cuando se pide un producto en una tienda se pueden utilizar varias estructuras:

Formal:	**I'd like to have / take ...**	*Me gustaría llevarme ...*
Neutra:	**I'll take ...**	*Me llevaré ...*
Coloquial:	**I want ...**	*Quiero ...*

- Good morning! **I'll take** a piece of cheese and a bottle of milk.
- Here you are.
- Thank you.
- *Buenos días. Me llevaré una porción de queso y una botella de leche.*
- *Aquí tiene.*
- *Gracias.*

¿SABÍAS QUE...?

El "Super Bowl" es la final del campeonato anual de la Liga Nacional de Fútbol Americano (NFL) y se juega el "domingo de Super Bowl". Es el segundo día de mayor consumo de comida, después del Día de Acción de Gracias, y una de las emisiones de televisión con mayor audiencia.

GRAMÁTICA FÁCIL

a Nombres contables e incontables

- Los nombres contables son precisamente aquellos que se pueden contar, es decir, los que pueden llevar delante un número; por lo tanto, son aquellos que tienen plural.

a **book**	*un libro*	six **houses**	*seis casas*
four **flowers**	*cuatro flores*	three **oranges**	*tres naranjas*
two **eggs**	*dos huevos*	eleven **people***	*once personas*

* La palabra **"people"**, aunque generalmente se traduce por "gente", también es el plural de **"person"**, por lo que es contable.

- Los nombres incontables son aquellos que no tienen plural, ni pueden ir precedidos por un número; por lo tanto son aquellos que no se pueden contar.

Entre ellos están los nombres de líquidos, gases, materiales y sustancias en general, nombres abstractos, cualidades, etc.

rice	*arroz*	**chocolate**	*chocolate*
air	*aire*	**bread**	*pan*
sugar	*azúcar*	**money**	*dinero*
love	*amor*	**oil**	*aceite, petróleo*

Los nombres incontables hacen conjugar al verbo en 3ª persona del singular (como **"he**, **"she"** o **"it"**):

Olive oil **is** expensive but healthy.	*El aceite de oliva es caro pero saludable.*
There **is** some sugar on the table.	*Hay azúcar en la mesa.*

The Super Bowl is the annual championship game of the National Football League (NFL), played on "Super Bowl Sunday." It's the second-largest day for U.S. food consumption, after Thanksgiving, and one of the most-watched television broadcasts.

Algunos se pueden contabilizar por medio de otras expresiones:

water - **two glasses of** water	*agua - dos vasos de agua*
shampoo - **a bottle of** shampoo	*champú - una botella de champú*
cheese - **three pieces of** cheese	*queso - tres porciones de queso*
tea - **a cup of** tea	*té - una taza de té*

Los nombres, tanto contables como incontables, suelen ir acompañados de unos cuantificadores, que son adverbios y expresiones de cantidad, que tratamos a continuación.

b Cuantificadores "some" y "any"

Los cuantificadores son adverbios que nos indican la cantidad de alguna cosa. En esta unidad trataremos los siguientes:

"Some": Se utiliza en frases afirmativas.

Con nombres incontables indica cierta cantidad, es decir, "algo":

There is **some** water in the glass.

Hay (algo de) agua en el vaso.

Delante de nombres contables también indica cierta cantidad, es decir, "algunos":

There are **some** eggs in the fridge.

Hay (algunos) huevos en el refrigerador.

¿SABÍAS QUE...?

Los Ángeles, también conocida como L.A., está situada en el sur de California y es la segunda ciudad más grande de los Estados Unidos, tras Nueva York. Es un centro principal de la industria estadounidense del entretenimiento.

"Some" también puede aparecer en preguntas, pero únicamente cuando se pide o se ofrece algo:

Can I have **some** salt for the steak, please?

¿Me puede dar sal para el filete, por favor?

Would you like **some** wine?

¿Quiere vino?

"Any": Se usa en frases negativas y preguntas.

<u>- En frases negativas:</u>

Delante de nombres incontables equivale a "nada":

There isn't any sugar for the cake. No hay (nada de) azúcar para el pastel.

Ante sustantivos contables significa "ningún/a":

There aren't any watches in the shop. No hay relojes (ningún reloj) en la tienda.

<u>- En preguntas:</u>

Delante de nombres incontables equivale a "algo":

Is there **any** milk in the carton?

¿Hay (algo de) leche en el cartón?

Ante sustantivos contables significa "algunos/as":

Are there **any** pictures on the walls?

¿Hay (algunos) cuadros en las paredes?

Hay que tener en cuenta que, aunque en español no se traduzcan, en inglés sí que hay que usar **"some"** o **"any"** en los casos citados.

Los Angeles, also known as L.A., is located in Southern California and is the second-largest city in the United States, after New York City. It is a major center of the American entertainment industry.

c Preguntar acerca de cantidades y precios

Para preguntar por cantidades se utilizan dos expresiones:

"How much?" con nombres incontables. Equivale a "¿cuánto/a?"

How much ham do you want?	*¿Cuánto jamón quieres?*
How much cheese is there?	*¿Cuánto queso hay?*

"How many?" con nombres contables. Equivale a "¿cuántos/as?"

How many lamps did you buy?	*¿Cuántas lámparas compraste?*
How many people are there?	*¿Cuántas personas hay?*

Para preguntar el precio de algún producto no se suele utilizar la palabra **"money"**, sino simplemente: "**how much + is / are ...?**"

How much is the car?	*¿Cuánto vale el auto?*
How much are the tickets?	*¿Cuánto valen los boletos?*

d Uso de la forma "will" para decisiones espontáneas

Cuando alguien toma una decisión de manera espontánea expresa la idea con **"will"**, de forma contraída con el sujeto. La contracción es **"'ll"**.

(The doorbell is ringing). **I'll** open the door.

(Suena el timbre). Abriré la puerta.

John, there aren't any potatoes.	*John, no hay papas.*
Okay. **I'll** buy some.	*Bueno, compraré algunas.*
Peter, it's raining!	*Peter, está lloviendo.*
Don't worry. **We'll** take the umbrella.	*No te preocupes. Llevaremos el paraguas.*

APRENDE VOCABULARIO

Reviewing phone conversations *Revisión de conversaciones telefónicas*

Call.	*Llamar.*
Dial.	*Discar.*
Directory.	*Guía telefónica.*
Directory Assistance.	*Directorio telefónico.*
Extension.	*Número interno, extensión.*
Hold on, please.	*No corte, por favor / Un momento, por favor.*
I'd like to speak to ...	*Quisiera hablar con...*
I'll put you through.	*Lo comunicaré.*
I'll transfer your call.	*Transferiré su llamada.*
I'm calling about ...	*Llamo por...*
Just a minute.	*Espere un minuto.*
Leave a message.	*Dejar un mensaje.*
Let me see ...	*Déjeme ver...*
Phone.	*Teléfono / Llamar por teléfono.*
Phone number.	*Número de teléfono.*
Ring.	*Sonar.*
Speak.	*Hablar.*
Speaking.	*Soy yo (el que está al habla).*
Take a message.	*Tomar un mensaje.*
Talk.	*Hablar.*
This is ...	*Soy / Habla...*
Who's calling?	*¿Quién llama?*

PRACTICA TU PRONUNCIACIÓN

Indefinite pronouns	Los pronombres indefinidos
Anybody.	*Alguien (interrogativo), nadie (negativo).*
Anything.	*Algo (interrogativo), nada (negativo).*
Nobody.	*Nadie.*
Nothing.	*Nada.*
Somebody.	*Alguien (afirmativo)*
Something.	*Algo (afirmativo)*
Everybody.	*Todos.*
Everything.	*Todo.*
Is anybody home?	*¿Hay alguien en casa?*
I don't want anything.	*No quiero nada.*
Nothing happened.	*No pasó nada.*
Somebody is in the living room.	*Alguien está en la sala.*
Everything is ready.	*Todo está listo.*

Practica ahora tu pronunciación en http://inglesamerica.com/

UNIDAD 14

EN ESTA UNIDAD ESTUDIAREMOS

LET'S SPEAK ENGLISH

a. Usos de **"how"** (I).

GRAMÁTICA FÁCIL

a. Expresar mucha o poca cantidad.
b. Pronombres indefinidos.
c. Listado de verbos regulares (pasado) (I).

DIÁLOGO

Paula y Jack están comprando muebles para su nuevo apartamento.

Paula: **How about** this couch?
Jack: I don't know. **How wide is** the living room? It looks too big.
Paula: Well, when we measured the room, it was thirteen feet wide.
Jack: That's fine, then. But I don't like the color.
Paula: **How lovely!** Look at this one. It's bright red, just like the carpet.
Jack: I think that'll be **a lot of** red in one room. I prefer the blue one.
Paula: **How about going** to another shop? **Somebody** told me there is a good one just down the road.
Jack: Yes, there aren't **many** different couches here.
(They go to the other shop.)
Paula: Oh! **How wonderful!** Look **how much** choice there is here!
Jack: Let's look for some pictures as well. We don't have **anything** to put on the walls.

***Paula**: ¿Qué te parece este sofá?*
***Jack**: No sé. ¿Cómo es de ancho el salón? Parece demasiado grande.*
***Paula**: Bueno, cuando medimos la habitación, tenía trece pies de ancho.*
***Jack**: Está bien, entonces. Pero no me gusta el color.*
***Paula**: ¡Qué bonito! Mira éste. Es rojo fuerte, como la alfombra.*
***Jack**: Creo que será mucho rojo en una habitación. Prefiero el azul.*
***Paula**: ¿Qué tal si vamos a otra tienda? Alguien me dijo que hay una buena bajando la calle.*
***Jack**: Sí, no hay muchos sofás diferentes aquí.*
(Ellos van a la otra tienda).
***Paula**: ¡Oh! ¡Qué maravilla! Mira cuánta gama hay aquí.*
***Jack**: Busquemos algunos cuadros también. No tenemos nada que poner en las paredes.*

Paula: That's a good idea. Maybe some cushions too. But I can't see them **anywhere.** This shop is so big ...

Paula: Es una buena idea. Quizás algunos cojines también. Pero no los veo por ningún sitio. Esta tienda es tan grande...

Jack: I can see them over there, by the curtains.

Jack: Los veo por allá, junto a las cortinas.

Paula: **Everybody** says this shop is very good, and they're right! Look at these curtains!

Paula: Todo el mundo dice que esta tienda es muy buena, ¡y llevan razón! ¡Mira esas cortinas!

Jack: They're really nice. We can put them in our bedroom.

Jack: Son realmente bonitas. Podemos ponerlas en nuestra habitación.

Paula: Yes, we haven't got **many** things for the bedroom yet.

Paula: Sí, no tenemos muchas cosas para la habitación todavía.

Jack: And **how about** this carpet?

Jack: ¿Y qué tal esta alfombra?

Paula: Oh, no! It's horrible!

Paula: ¡Oh, no! ¡Es horrible!

Jack: Well, I like it.

Jack: Bueno, a mí me gusta.

Paula: Let's go and look for **something** nicer.

Paula: Vayamos a buscar algo más bonito.

Jack: We need some chairs as well. We have only **a few**.

Jack: Necesitamos algunas sillas también. Solo tenemos unas pocas.

Paula: Okay, but first, let's look at these pictures.

Paula: De acuerdo. Pero primero, miremos esos cuadros.

LET'S SPEAK ENGLISH

a Usos de "how" (I)

En una unidad posterior estudiaremos muchos usos de **"how"**, pero a continuación veremos tres de ellos:

- Para hacer proposiciones u ofrecimientos se utiliza **"How about ...?"** *¿Qué te parece ...? / ¿Qué tal si ...?*

"How about" puede ir seguido de:

i) Un verbo. En este caso, el verbo será un gerundio (infinitivo + ing).

How about going to the movies?	*¿Qué tal si vamos al cine?*
How about eating out tonight?	*¿Qué te parece si salimos a cenar esta noche?*

Have you ever seen a "bun gauge"? McDonald's donated one to the Smithsonian that was used by fast-food workers to measure the correct height and width of a sliced bun, a regular burger, a Big Mac, and a Quarter Pounder!

¿Has visto alguna vez un medidor de bollos? McDonald's donó a Smithsonian uno que era usado por los trabajadores de los establecimientos de comida rápida para medir la altura y anchura correctas de un bollo rebanado, una hamburguesa normal, un Big Mac y un Quarter Pounder (hamburguesa de cuarto de libra).

II) Un nombre o un pronombre. En estos casos, la equivalencia en español puede ser también *¿Y...? / ¿Qué tal...?*

How about Jack?	*¿Qué tal Jack? / ¿Y Jack?*
How about you?	*¿Y tú? / ¿Qué tal tú?*
How about this cell phone?	*¿Qué te parece este celular? / ¿Qué tal este celular?*

III) **"How"** también puede ir delante de un adjetivo. En este caso lo usamos cuando mostramos sorpresa.

How nice!	*¡Qué bonito!*
How interesting!	*¡Qué interesante!*
How expensive!	*¡Qué caro!*
How hard!	*¡Qué duro!*
How terrible!	*¡Qué mal! / ¡Qué terrible!*
How funny!	*¡Qué divertido!*

¿SABÍAS QUE...?

Si se está satisfecho con el servicio ofrecido, la propina media para dejar tras una comida es del 15-20 por ciento. El impuesto de ventas está incluido en la factura, pero la propina normalmente solo se incluye para grupos numerosos.

- This is my new car. - *Este es mi auto nuevo.*
- **How nice!** - *¡Qué bonito!*

- She went to China last year. - *Ella fue a China el año pasado.*
- **How interesting!** - *¡Qué interesante!*

- I paid a fortune for this house. - *Pagué una fortuna por esta casa.*
- **How expensive!** - *¡Qué cara!*

- Pero **"how"** también se coloca delante de un adjetivo cuando preguntamos por las características de algo o alguien:

[**"wide"**: ancho]	**How wide** is the road?
	¿Cómo es de ancha la carretera?
	¿Cuánto mide de ancho la carretera?
[**"tall"**: alto]	**How tall** is your sister?
	¿Cómo de alta es tu hermana?
	¿Cuánto mide tu hermana?
[**"far"**: lejos]	**How far** is the library?
	¿A qué distancia está la biblioteca?

A standard tip to leave after a meal if you are happy with the service is 15 to 20 percent. Sales tax is included on the bill, but the tip is usually included only for larger groups.

GRAMÁTICA FÁCIL

a Expresar mucha o poca cantidad

- Para expresar mucha cantidad de alguna cosa usamos **"much"**, **"many"** y **"a lot of"**.

"Much" lo utilizamos con nombres incontables, en frases negativas y preguntas. Equivale a "mucho/a".

There isn't **much** milk in the fridge.

No hay mucha leche en el refrigerador.

Is there **much** ice?

¿Hay mucho hielo?

"Many" lo usamos con nombres contables, en frases negativas y preguntas. Equivale a "muchos/as".

There aren't **many** pictures on the walls.

No hay muchos cuadros en las paredes.

Do you have **many** books?

¿Tienes muchos libros?

Pero **"many"** también puede aparecer en frases afirmativas:

There are **many** apples in that basket.

Hay muchas manzanas en esa canasta.

"A lot of" y **"lots of"** se usan con nombres contables e incontables, en frases afirmativas.

¿SABÍAS QUE...?

El primer McDonald's se inauguró en California en 1940, por dos hermanos que soñaban con convertirse en famosos productores de Hollywood. El primer menú del futuro "gigante de la comida rápida" incluía comida a la barbacoa, lentamente cocinada durante horas.

She has **a lot of** roses in her garden.	*Ella tiene muchas rosas en su jardín.*
There's **a lot of** wine in the bottle.	*Hay mucho vino en la botella.*
Lots of people came to the party.	*Mucha gente vino a la fiesta.*

Con el verbo **"to like"** *(gustar)* muchas veces aparecen tanto **"much"** como **"a lot"** al final de la frase.

I like English **very much.**	*Me gusta mucho el inglés.*
She likes swimming **a lot.**	*A ella le gusta mucho nadar.*

- Para expresar una poca o una pequeña cantidad de alguna cosa usamos **"(a) little"** y **"(a) few"**.

"A little" se coloca delante de nombres incontables y equivale a "un poco (de)". Se utiliza en frases afirmativas, negativas y en preguntas.

There's **a little** sugar. *Hay un poco de azúcar.*

"A few" se coloca delante de nombres contables y equivale a "unos/as pocos/as". También se utiliza en todo tipo de frases.

There are **a few** trees in the park.

Hay unos pocos árboles en el parque.

En los ejemplos anteriores vemos que la cantidad que se nos indica es pequeña, pero parece suficiente. Si queremos expresar que alguna cantidad es pequeña y, además, insuficiente, usaremos **"little"** y **"few"** en lugar de **"a little"** y **"a few"**.

There's **little** sugar.	*Hay poco azúcar. (Necesitaremos más).*
There are **few** trees in the park.	*Hay pocos árboles en el parque. (Debería haber más).*

The first McDonald's was opened in California in 1940 by two brothers who dreamed of becoming famous Hollywood producers. The first menu of the future "fast food giant" featured barbecue slow-cooked for hours!

b Pronombres indefinidos

Los pronombres indefinidos son los que utilizamos cuando nos referimos a personas, cosas y lugares, pero no los podemos precisar.

Se forman combinando **some** / **any** con **body** / **one** / **thing** / **where**

Los compuestos con **"body"** y **"one"** son sinónimos y se refieren a personas, con **"thing"** a cosas y con **"where"** a lugares.

1) Al igual que "**some**", sus compuestos se utilizan en frases afirmativas.

Sabemos que **"some"** indica cierta cantidad, luego:

somebody, someone	*alguien*
something	*algo*
somewhere	*en algún lugar*

There's **someone** at the door. — *Hay alguien en la puerta.*

I have **something** in my pocket . — *Tengo algo en mi bolsillo.*

She left her watch **somewhere.** — *Ella dejó su reloj en algún lugar.*

¿SABÍAS QUE...?

El Parque Nacional de las Secuoyas es el segundo parque nacional más antiguo de América. Alberga algunos de los árboles más grandes del mundo, incluyendo el General Sherman, con sus 275 pies (83 metros) de altura y 60 pies (18 metros) de anchura.

II) **"Any"**, como sus compuestos, se usan en frases negativas y en preguntas:

	en frases negativas	en preguntas
anybody, anyone	*nadie*	*alguien*
anything	*nada*	*algo*
anywhere	*en ningún lugar*	*en algún lugar*

Is there **anybody** at home?	*¿Hay alguien en casa?*
I don't have **anything.**	*No tengo nada.*
I can't find my wallet **anywhere.**	*No encuentro mi billetera en ningún lugar.*

- Además de los estudiados, vamos a tratar también los usos de **"every"** y sus compuestos. Todos implican un sentido de totalidad y se utilizan en frases afirmativas, negativas y en preguntas:

everybody, everyone	*todos, todo el mundo*
everything	*todo, todas las cosas*
everywhere	*en todos los lugares, por todos sitios*

Did **everybody** come to the party?	*¿Todos vinieron a la fiesta?*
I didn't tell you **everything.**	*No te lo dije todo.*
There are people **everywhere.**	*Hay gente por todos sitios.*

Hay que tener en cuenta que con un pronombre indefinido, el verbo se usa en 3ª persona del singular (como **"he"**, **"she"** o **"it"**).

Somebody **is** there.	*Alguien está allí.*
Everybody **sleeps** at night.	*Todo el mundo duerme por la noche.*
There **isn't** anyone at home.	*No hay nadie en casa.*

Sequoia National Park in California is the second-oldest national park in America. Home to some of the largest trees in the world, including the 275-foot-tall (83-meter), 60-foot-wide (18-meter) General Sherman.

C Listado de verbos regulares (I)

A continuación se muestra una pequeña relación de verbos regulares con sus formas de pasado simple.

Verbos regulares:

Infinitivo		Pasado
To answer:	*contestar*	answered
To ask:	*preguntar*	asked
To arrive:	*llegar*	arrived
To clean:	*limpiar*	cleaned
To close:	*cerrar*	closed
To cook:	*cocinar*	cooked
To decide:	*decidir*	decided
To enjoy:	*disfrutar*	enjoyed
To explain:	*explicar*	explained
To finish:	*terminar*	finished
To help:	*ayudar*	helped
To like:	*gustar*	liked
To look:	*mirar*	looked
To open:	*abrir*	opened
To play:	*jugar, tocar un instrumento*	played
To rain:	*llover*	rained
To repeat:	*repetir*	repeated
To stop:	*parar, detener*	stopped
To study:	*estudiar*	studied
To watch:	*mirar (TV), observar*	watched
To work:	*trabajar*	worked

UNIDAD

15

EN ESTA UNIDAD ESTUDIAREMOS

LET'S SPEAK ENGLISH

a. Números ordinales. Usos.
b. Fechas.
c. Vocabulario: En el hotel.

GRAMÁTICA FÁCIL

a. Preposiciones de lugar.
b. Los adverbios **"here"** y **"there"**.
c. Listado de verbos irregulares (pasado) (I).

DIÁLOGO

Linda acaba de llegar al hotel. Matthew es el recepcionista.

Linda: Good afternoon! I have a reservation under the name of Jones.

Matthew: Good afternoon, ma'am! Would you tell me the dates of your stay, please?

Linda: From today, **June 24th**, until I leave on **July 1st**.

Matthew: Thank you. You'll be in room number 524, on the **fifth** floor. The **elevator** is **over there, near** the entrance.

Linda: What time does the **front desk** close? I'll be returning late tonight.

Matthew: The **front desk** never closes, but at night there is a security guard instead of a **desk clerk**. The **desk clerks** are on duty from 7:00 a.m. to 11:00 p.m.

Linda: That's fine. Is there anywhere in the hotel where I can get a drink?

Matthew: There is a **bar** on the **fourth** floor and a **coffee shop** on the **third** floor.

Linda: Is **laundry** service provided?

***Linda**: ¡Buenas tardes! Tengo una reserva a nombre de Jones.*

***Matthew**: ¡Buenas tardes, señora! ¿Puede decirme las fechas de su estadía?*

***Linda**: Desde hoy, 24 de junio, hasta que me marche el 1 de julio.*

***Matthew**: Gracias. Estará en la habitación número 524, en la quinta planta. El ascensor está por allí, cerca de la entrada.*

***Linda**: ¿A qué hora cierra la recepción? Volveré tarde esta noche.*

***Matthew**: La recepción nunca cierra, pero por la noche hay un guardia de seguridad en lugar de un recepcionista. Los recepcionistas están de servicio desde las 7 a.m. hasta las 11 p.m.*

***Linda**: Está bien. ¿Hay algún lugar en el hotel donde pueda conseguir algo para beber?*

***Matthew**: Hay un bar en la cuarta planta y una cafetería en la tercera planta.*

***Linda**: ¿Hay servicio de lavandería?*

Matthew: Yes, we have **laundry service**. Just leave your clothes **here**, at the **front desk,** and we'll wash them and return them to your room. If you need to call **room service**, dial 100 on the **telephone**.

Linda: Is it possible to send a fax?

Matthew: We have a **fax machine** for **guests** to use.

Linda: That's great. How do I get to my room?

Matthew: Room 524 is on the **fifth** floor. You need to take the **elevator,** then turn right and go straight down the corridor. Your room is **next to** the stairs.

Linda: Very good, thank you.

Matthew: If you want to buy any gifts or postcards, we also have a **gift shop** just down the road, **across from** the bus stop.

Linda: Thank you very much.

Matthew: You're welcome. Enjoy your stay.

Linda: Thank you. See you later.

***Matthew**: Sí, tenemos servicio de lavandería. Simplemente deje su ropa aquí, en recepción, y se la lavaremos y devolveremos a su habitación. Si necesita llamar al servicio de habitaciones, marque el 100 en el teléfono.*

***Linda**: ¿Es posible enviar un fax?*

***Matthew**: Tenemos fax para uso de los clientes.*

***Linda**: Muy bien. ¿Cómo llego a mi habitación?*

***Matthew**: La habitación 524 está en la quinta planta. Necesita tomar el ascensor, luego girar a la derecha y seguir recto por el pasillo. Su habitación está junto a las escaleras.*

***Linda**: Muy bien. Gracias.*

***Matthew**: Si quiere comprar regalos o postales, también tenemos una tienda de regalos bajando la calle, enfrente de la parada del autobús.*

***Linda**: Muchas gracias.*

***Matthew**: De nada. Disfrute su estadía.*

***Linda**: Gracias. Hasta luego.*

LET'S SPEAK ENGLISH

a Números ordinales - *Ordinal numbers*

Los tres primeros números ordinales son los siguientes:

1º primero	1st	fir**st**
2º segundo	2nd	seco**nd**
3º tercero	3rd	thi**rd**

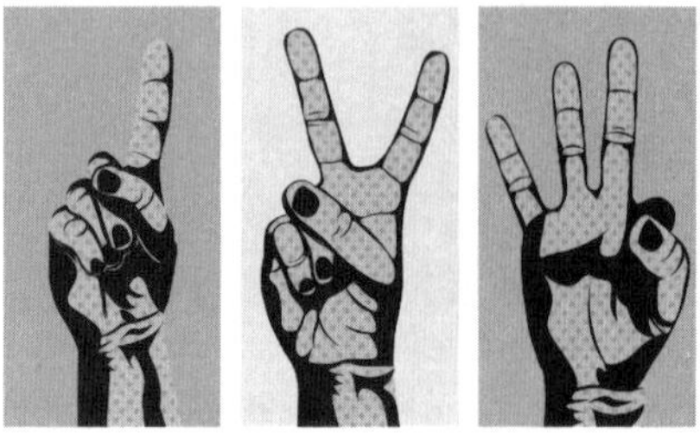

Como se ve, en la abreviatura de los números ordinales aparecen la cifra y las dos últimas letras del ordinal, escrito en letra.

One of the few places in the world where you can see giant pandas, which are native to central China, is the Smithsonian National Zoo in Washington, D.C. Here you can view the pandas up close, and if you can't visit the zoo, check out the "Panda Cam" on the zoo website.

Uno de los pocos lugares en el mundo donde puedes ver osos pandas gigantes, originarios de China central, es el Zoológico Nacional Smithsonian, en Washington, D.C. Allí se pueden contemplar los pandas de cerca, y, si no puedes visitarlo, sigue la "Panda Cam" en la página web del zoo.

A partir del número cuatro, el ordinal se forma con número cardinal, añadiéndole **"th"**: **número + th**.

4º cuarto	4th four**th**	13º decimotercero	13th thirteen**th**
5º quinto	5th fif**th**	14º decimocuarto	14th fourteen**th**
6º sexto	6th six**th**	15º decimoquinto	15th fifteen**th**
7º séptimo	7th seven**th**	16º decimosexto	16th sixteen**th**
8º octavo	8th eigh**th**	17º decimoséptimo	17th seventeen**th**
9º noveno	9th nin**th**	18º decimoctavo	18th eighteen**th**
10º décimo	10th ten**th**	19º decimonoveno	19th nineteen**th**
11º undécimo	11th eleven**th**	20º vigésimo	20th twentie**th**
12º duodécimo	12th twelf**th**		

Pero podemos ver ligeros cambios en algunos números:

five ⟶ fifth (**"-ve"** cambia a **"-f"** antes de añadir **"-th"**)

eight ⟶ eighth (al acabar en **"t"**, solo se añade **"-h"**)

nine ⟶ ninth (la **"e"** desaparece antes de añadir **"-th"**)

twelve ⟶ twelfth (**"-ve"** cambia a **"-f"** antes de añadir **"-th"**)

twenty ⟶ twentieth (la **"y"** cambia a **"i"** y se añade **"-eth"**)

Las decenas seguirán el modelo "-ieth":

30**th** - thirtie**th**   40**th** - fortie**th**   50**th** - fiftie**th**   80**th** - eightie**th**

En números compuestos por decena y unidad, solo cambia a ordinal la unidad:

21**st** twenty-fir**st**

32**nd** thirty-seco**nd**

63**rd** sixty-thi**rd**

85**th** eighty-fif**th**

<u>Usos:</u>

Los números ordinales se usan para indicar el orden en que sucede algo o la ubicación de las cosas:

¿SABÍAS QUE...?

El día de las elecciones es el martes tras el primer lunes de noviembre, es decir, entre los días 2 y 8 de dicho mes. Las elecciones para las oficinas federales tienen lugar en años pares y las elecciones presidenciales se llevan a cabo cada cuatro años.

This is my **second** flight to New York.
Este es mi segundo vuelo a Nueva York.

Today is her **74th** birthday.
Hoy es su 74º aniversario.

Take the **first** right and stay straight.
Doble la primera (calle) a la derecha y siga recto.

Con ellos indicamos los distintos pisos o plantas de un edificio:

My aunt lives on the **ninth** floor.
Mi tía vive en el noveno piso.
Your room is on the **seventh** floor.
Su habitación está en el séptimo piso.

Y también se usan para decir las fechas (aunque en español se usen los números cardinales):

The meeting is on January **16**.
La reunión es el 16 de enero.

Her birthday is on November **21**.
Su cumpleaños es el 21 de noviembre.

The course starts on September **12**.
El curso empieza el 12 de septiembre.

b Fechas - *Dates*

Hemos visto que usaremos los números ordinales para las fechas, pero éstas pueden decirse y escribirse de varias maneras.

March 12 March twelfth
(en algunos países: March the twelfth)

Election Day is on the Tuesday after the first Monday in November, which falls anywhere between November 2nd and 8th. Elections for federal offices occur on even-numbered years, and presidential elections occur every four years.

March 12 March twelfth.
(Aunque no aparezcan las letras del ordinal, sí se pronuncian).

Habitualmente se escribe y se dice primero el mes y después el día:

3/12 (March the twelfth)
6/30/1973 (June the thirtieth, nineteen seventy-three)

Aunque también podemos encontrarnos:

12 March the twelfth of March

C Vocabulario: En el hotel – *At the hotel*

En un hotel encontramos:

lobby	*lobby*
front desk	*recepción*
desk clerk	*recepcionista*
rooms	*habitaciones*
bar	*bar*
coffee shop	*cafetería*
gift shop	*tienda de regalos*
guest	*huésped*
bell person	*botones*
elevator	*ascensor*
laundry	*lavandería*
amenities	*artículos de aseo*
bank cards	*tarjetas bancarias*
traveler's check	*cheque de viaje*
room service	*servicio de habitaciones*

Y como objetos que encontramos en la recepción:

computer	*computadora*
printer	*impresora*
fax machine	*fax*
telephone	*teléfono*
photocopier	*fotocopiadora*
paper	*papel*
eraser	*goma*
pen	*bolígrafo*
pencil	*lápiz*
stapler	*engrapadora*
stationery	*artículos de oficina*
keys	*llaves*

¿SABÍAS QUE...?

El lema que aparece en el Gran Sello de los EE.UU. es "E pluribus unum", que significa "De muchos, uno".

GRAMÁTICA FÁCIL

a Preposiciones de lugar

En una unidad anterior ya tratamos expresiones de lugar, que ahora ampliamos con más preposiciones:

in	*en, dentro de*
on	*en, sobre*
at	*en (un punto)*
above, over	*(por) encima de (sin contacto físico)*
below	*bajo, por debajo de*
under	*debajo de*
in front of	*delante de*
behind	*detrás*
across from	*enfrente de*
next to	*junto a*
beside	*al lado de*
near	*cerca de*
between	*entre (dos)*
among	*entre (más de dos)*

The telephone is **on** the table.	*El teléfono está sobre la mesa.*
My room is **above** the restaurant.	*Mi habitación está encima del restaurante.*
The temperature is **below** zero.	*La temperatura está bajo cero.*
There is a printer **under** the desk.	*Hay una impresora debajo de la mesa.*

The motto displayed on the Great Seal of the U.S.A. is "E pluribus unum," which means "Out of many, one."

The desk clerk is **behind** you. *El recepcionista está detrás de ti.*

Her room is **next to** the bar. *Su habitación está junto al bar.*

The hotel is **between** the shop and the school.
El hotel está entre la tienda y la escuela.

The manager is **among** these people.
El gerente está entre estas personas.

Hay que tener cuidado, pues un error común es traducir "in front of" por "enfrente de", cuando, en realidad, es "delante de".

There's a car **in front of** the hotel. *Hay un auto delante del hotel.*
There's a bank **across from** the hotel. *Hay un banco enfrente del hotel.*

En algunos países de lengua inglesa se utiliza **"opposite"** como **"enfrente de"**.

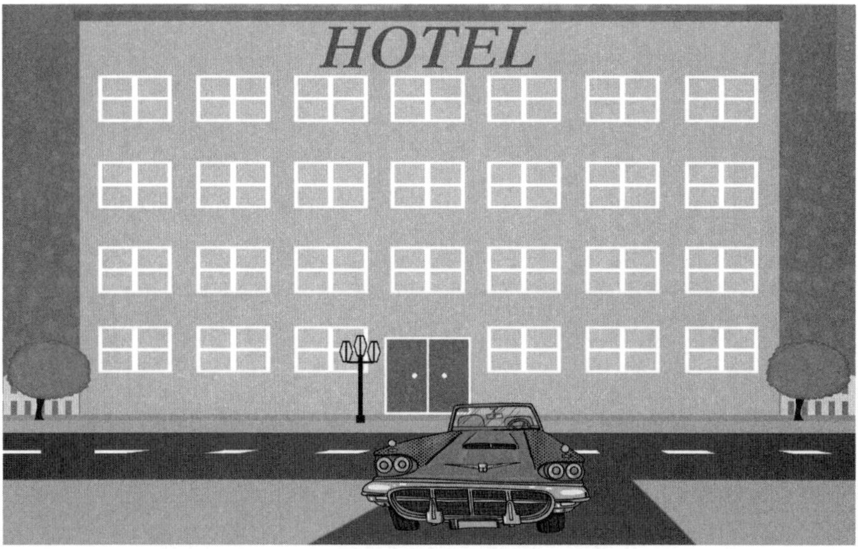

¿SABÍAS QUE...?

El litoral de los EE.UU. bordea con las siguientes masas de agua: el océano Pacífico al oeste, el océano Atlántico al este, los Grandes Lagos al norte y el golfo de México al sur.

b Los adverbios "here" y "there"

"Here" (aquí, acá) y **"there"** (allí, allá, ahí) son dos adverbios de lugar.

"Here" se utiliza cuando indicamos que algo está cerca del hablante o bien un lugar próximo a él:

Come **here**!	*¡Ven aquí!*
I work **here**.	*Trabajo aquí.*
Is there a post office near **here**?	*¿Hay una oficina de correos cerca de aquí?*

"There" se usa cuando indicamos que algo está retirado o alejado del hablante, o bien un lugar distante de él:

I went to Italy because my mother lives **there**.
Fui a Italia porque mi madre vive allí.

The pen is **there**, near the phone.
El bolígrafo está allí, cerca del teléfono.

En muchos casos estos adverbios aparecen en otras expresiones:

My house is **right here**.	*Mi casa está aquí mismo.*
You can buy stamps **right there**.	*Puedes comprar sellos allí mismo.*
I left my glasses **over here**.	*Dejé mis lentes por aquí.*
There's a man waiting for you **over there**.	*Hay un hombre esperándote por allí.*
There is another bar **up here**.	*Hay otro bar aquí arriba.*
The conference room is **up there**.	*La sala de conferencias está allá arriba.*
The lobby is **down here**.	*El lobby está aquí abajo.*
I can see my car **down there**.	*Puedo ver mi auto allá abajo.*

The U.S. coastline includes the following major bodies of water: the Pacific Ocean to the west, the Atlantic Ocean to the east, the Great Lakes to the north, and the Gulf of Mexico to the south.

C Listado de verbos irregulares (I)

A continuación se muestra una lista de verbos irregulares con sus formas de pasado simple:

<u>Infinitivo</u>		<u>Pasado</u>
To be:	*ser, estar*	was / were
To bring:	*traer*	brought
To buy:	*comprar*	bought
To come:	*venir*	came
To do:	*hacer*	did
To drink:	*beber*	drank
To drive:	*manejar, conducir*	drove
To eat:	*comer*	ate
To feel:	*sentir*	felt
To find:	*encontrar*	found
To forget:	*olvidar*	forgot
To get:	*obtener, llegar*	got
To give:	*dar*	gave
To go:	*ir*	went
To have:	*tener, haber*	had
To lose:	*perder*	lost
To make:	*hacer, fabricar*	made
To pay:	*pagar*	paid
To put:	*poner*	put
To read:	*leer*	read
To say:	*decir*	said
To see:	*ver*	saw
To speak:	*hablar*	spoke
To take:	*tomar, llevar*	took
To tell:	*decir, contar*	told
To understand:	*comprender*	understood
To write:	*escribir*	wrote

APRENDE VOCABULARIO Y PRACTICA TU PRONUNCIACIÓN

At the hotel *En el hotel*

Double room.	*Habitación con dos camas.*
Single room.	*Habitación con una cama.*
Concierge.	*Conserjería.*
Bellman.	*Botones.*
Elevator.	*Ascensor, elevador.*
Reception.	*Recepción.*
Receptionist.	*Recepcionista.*
Reservation.	*Reserva / reservación.*
Stairway.	*Escaleras.*
Swimming pool.	*Piscina.*
Tours desk.	*Mostrador de viajes organizados.*
Valet parking.	*Servicio de estacionamiento de autos.*
To check in.	*Registrarse.*
To check out.	*Pagar la cuenta del hotel.*
I would like to make a reservation.	*Me gustaría hacer una reserva.*
I want a single room.	*Quiero una habitación con una cama.*
I would like to check in.	*Me gustaría registrarme.*

Practica ahora tu pronunciación en http://inglesamerica.com/

SMITHSONIAN
INSTITUTION

¿CONOCÍAS SMITHSONIAN INSTITUTION?

- Smithsonian Institution (SI) fue fundada en 1846 y es la organización museística y de investigación más importante del mundo.
- 19 museos, el Parque Zoológico Nacional y nueve instalaciones de investigación conforman un complejo cultural visitado anualmente por casi 30 millones de personas.
- Sus museos contienen 156 millones de objetos y especímenes diversos y en sus bibliotecas se encuentran 2 millones de libros.
- Entre los museos de SI destacan el de Historia Americana, el de Historia Natural y el del Aire y el Espacio.

Más información en http://inglesamerica.com/

SMITHSONIAN EN EL MUNDO DIGITAL

Cada día, centenares de miles de personas en todo el mundo visitan alguno de los portales que la institución tiene en Internet. Son maestros, investigadores y estudiantes que acceden al website general (www.si.edu) o a alguno de los sitios sectoriales que posee en la red de redes. Desde su inauguración, el tráfico hacia los portales de Smithsonian ha crecido sin cesar y sus usuarios además expresan una satisfacción generalizada por la experiencia vivida. La actividad en redes sociales, como Facebook y Twitter, también es intensa y el número de seguidores de Smithsonian Institution en las mismas continúa aumentando a diario.

Este fenómeno se produce también en YouTube, donde las visualizaciones mensuales de sus videos crecen sin parar. La actividad en el mundo digital complementa las visitas presenciales a los museos, acercando los inmensos recursos disponibles de los fondos de Smithsonian Institution a todos los interesados.

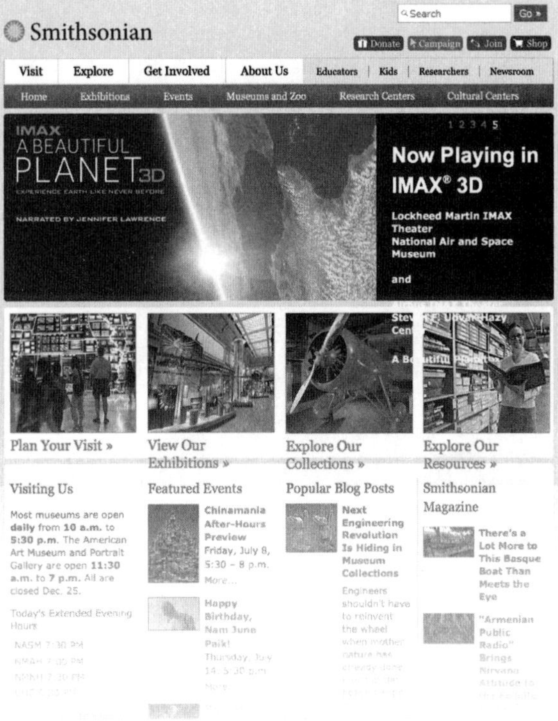

LOS CUATRO GRANDES DESAFÍOS DE SMITHSONIAN

Desvelar los misterios del universo.
Smithsonian Institution continúa liderando la investigación para comprender la naturaleza del cosmos, usando tecnologías de próxima generación para explorar nuestro sistema solar, los meteoritos, el pasado y presente geológico de la Tierra y la documentación paleontológica de nuestro planeta.

Concienciar sobre las diversas culturas del mundo.
Como embajador cultural, Smithsonian Institution construye puentes de respeto mutuo y muestra con admiración, precisión y conocimiento la diversidad cultural del mundo.

Comprender y mantener un planeta biodiverso.
Smithsonian Institution utiliza sus recursos en centros y museos científicos para avanzar significativamente en nuestro conocimiento y comprensión de la vida en la Tierra, responder a la creciente amenaza del cambio climático y mantener el bienestar humano.

Comprender la experiencia estadounidense.
Los EE.UU. tiene una sociedad cada vez más diversa, que comparte una historia, unos ideales y un espíritu indómito e innovador. Smithsonian Institution utiliza sus recursos interdisciplinares para explorar lo que significa ser estadounidense, y cómo las diversas experiencias de grupos individuales fortalecen al conjunto, así como para compartir nuestra vivencia con gente de todas las naciones.

Más información en http://inglesamerica.com/

LOS MUSEOS DE SMITHSONIAN

Smithsonian Institution posee 19 museos y galerías y un parque zoológico, además de una red de museos afiliados que ya supera los 150. En conjunto conforman el complejo museístico más importante del mundo. La mayoría de estos museos son gratuitos y están abiertos todos los días del año, excepto el 25 de diciembre. La mayor parte de ellos se encuentra en Washington D.C., aunque también hay presencia de SI en otras ciudades, como Chantilly y Mount Vernon, ambas en el estado de Virginia y Nueva York. Este gran complejo se completa con diversos centros de investigación asociados a alguno de los museos, entre los que destacan el Centro de Estudios Planetarios y de la Tierra (afiliado al Museo Nacional del Aire y el Espacio), el Centro de Conservación e Investigación (Parque Zoológico Nacional), la Estación Marina en Fort Pierce (Museo Nacional de Historia Natural) y el Centro de Aves Migratorias (Parque Zoológico Nacional). Los museos de SI son muy conocidos en Estados Unidos y suelen aparecer frecuentemente en los medios de comunicación y en películas.

MUSEO NACIONAL DE HISTORIA AMERICANA

Este museo, uno de los más populares del país, nació en 1964 bajo el nombre de Museo de Historia y Tecnología, y no adoptó su actual denominación hasta 1980. El propósito del Museo es explorar la gran riqueza y complejidad de la historia de los Estados Unidos de América y "ayudar a la gente a entender el pasado para ser consciente del presente y construir un futuro más humano". La colección archivada consta de más de 3 millones de objetos, todos ellos considerados tesoros nacionales, que unidos forman un mosaico fascinante de la historia americana. Entre los objetos conservados se encuentran la bandera de barras y estrellas que inspiró el himno nacional del país, el sombrero del presidente Lincoln, los zapatos de rubí que calza Dorothy en *El mago de Oz* y la trompeta del famoso músico de jazz Dizzy Gillespie. Este museo fue el sexto edificio de la red Smithsonian situado en el National Mall de la capital estadounidense. Desde entonces, millones de personas visitan el Museo de Historia Americana, cuya gestión operativa diaria corre a cargo de cientos de empleados y voluntarios.

Más información en http://inglesamerica.com/

MUSEO NACIONAL DE HISTORIA NATURAL

Este espléndido museo está dedicado a inspirar curiosidad y ganas de descubrir y aprender todo lo relacionado con el mundo de la naturaleza. Situado en el National Mall de la capital del país, fue inaugurado en 1910 y en su arquitectura destaca una enorme cúpula verde. Contiene unos 130 millones de animales, plantas, fósiles, minerales, restos de meteoritos y objetos diversos. En la planta baja destaca la sala de mamíferos, donde el visitante puede ver animales disecados procedentes de todo el mundo, algunos pertenecientes a la colección del presidente Theodore Roosevelt. En esta planta está también la célebre sala de los dinosaurios, que ha sido recreada multitud de veces por la industria de Hollywood en sus películas. Otras curiosidades del museo son el zoológico de insectos, la colección de pájaros y la sala de geología y minerales, en la que se pueden admirar gemas y diamantes únicos, fascinantes por su colorido y brillantez. Uno de los elementos más llamativos es la enorme colección de insectos, formada por más de 30 millones de especímenes. El Museo conserva también 4,5 millones de plantas, todas ellas perfectamente registradas.

PARQUE ZOOLÓGICO NACIONAL

El Smithsonian National Zoological Park es uno de los zoológicos más antiguos de los EE.UU. y también uno de los más visitados. Fundado en 1889, tiene como misión principal abogar por el respeto y cuidado de los animales, así como cooperar en el desarrollo de la ciencia, la educación y la sostenibilidad ambiental. El zoo está considerado como uno de los mejores del mundo y acoge 1.500 animales de unas 300 especies diferentes, de las que una cuarta parte se encuentra en peligro. Entre las mayores atracciones destacan los osos panda gigantes, los elefantes asiáticos, los gorilas y los tigres de Sumatra. Además de visitar presencialmente el zoo, existe también la posibilidad de realizar una visita virtual desde cualquier punto del planeta, gracias a las webcams que muestran en directo el comportamiento de los animales. El Zoológico Nacional se divide en dos áreas. La primera es una zona de 66 hectáreas de parque urbano situado en el noroeste de Washington D.C., y la segunda, de 1.300 hectáreas, acoge el Smithsonian Conservation Biology Institute, centro destinado a profesionales de la fauna silvestre con conocimientos de biología de conservación y propagación de especies raras, a través de medios naturales y reproducción asistida, que está situado en Front Royal (Virginia).

Más información en http://inglesamerica.com/

MUSEO NACIONAL DE LOS INDIOS AMERICANOS

El National Museum of the American Indian, en Washington, D.C., alberga una de las colecciones más grandes y más variadas de arte y objetos históricos y culturales indígenas. Se trata de una institución de culturas vivas dedicada al avance del conocimiento y comprensión de la vida, las lenguas, la literatura, la historia y el arte de los pueblos nativos del hemisferio occidental.

El museo incluye varios centros afiliados, como el George Gustav Heye Center, en Nueva York, y el Cultural Research Center, en Suitland, Maryland.

Las exposiciones que se exhiben están diseñadas en colaboración con comunidades indígenas de todo el continente americano.

Entre las atracciones destacadas de este museo se encuentran la experiencia multimedia *Who We Are* (Quiénes somos), para preparar a los asistentes ante su visita, un muro recubierto de oro, el rifle de Gerónimo en la galería *Our Peoples* (Nuestros pueblos), y el Mitsitam Café, con menú de inspiración indígena, entre otras.

Éste es el primer museo del país dedicado exclusivamente a los nativos americanos, y el primero en presentar todas sus exposiciones desde el punto de vista indígena.

MUSEO NACIONAL DE HISTORIA Y CULTURA AFROAMERICANA

El Museo Nacional de Historia y Cultura Afroamericana, perteneciente a Smithsonian Institution, es el único museo nacional dedicado exclusivamente a la documentación de la vida, la historia y la cultura afroamericana. Fue fundado gracias a una ley del Congreso en 2003, después de décadas de esfuerzos para promover y poner de relieve las contribuciones de los afroamericanos, y se inuguró en 2016.

Hay cuatro pilares sobre los que se asienta este museo:

- Ofrece la oportunidad para aquellos que están interesados en la cultura afroamericana de explorar y disfrutar de esta historia a través de exposiciones interactivas;
- Ayuda a todos los estadounidenses a ver cómo sus historias y sus culturas están moldeadas y conformadas por influencias globales;
- Analiza lo que significa ser estadounidense y muestra la manera en que valores estadounidenses como la resistencia, el optimismo y la espiritualidad se reflejan en la historia y cultura afroamericana; y
- Sirve como un lugar de colaboración que traspasa los límites de Washington para atraer a nuevos visitantes y colaborar con los innumerables museos e instituciones educativas que han explorado y conservado esta importante historia mucho antes de que se creara este museo.

Más información en http://inglesamerica.com/

MUSEO DE ARTE AMERICANO DEL SMITHSONIAN

El Smithsonian American Art Museum alberga una de las colecciones de arte estadounidense más grandes del mundo. Sus obras de arte revelan la rica historia artística y cultural de los Estados Unidos, desde la época colonial hasta nuestros días, ofreciendo un registro sin igual de la experiencia estadounidense.

En la colección, que incluye a más de 7.000 artistas, encontramos obras de John Singleton Copley, Gilbert Stuart, Winslow Homer, Mary Cassat, Edward Hopper, Roy Lichtenstein y Bill Viola, entre muchos otros.

El museo ha hecho una gran labor identificando y recopilando aspectos importantes de la cultura visual estadounidense, incluyendo la pintura, la fotografía, el arte folclórico afroamericano y latino y los videojuegos. Además de un programa de exposiciones consolidado en Washington, D.C., el museo mantiene un programa de exposiciones itinerante muy apreciado.

Este museo es líder en aportar recursos electrónicos a las escuelas y al público en general a través de sus programas educativos nacionales, ofreciendo una amplia variedad de actividades interactivas en línea.

GALERÍA NACIONAL DE RETRATOS

La National Portrait Gallery es el único museo de su clase en los Estados Unidos, ya que refleja la conexión entre la historia, la biografía y el arte. Cuenta la historia polifacética del país desde la época precolonial hasta la actualidad, a través de personajes que han forjado su cultura, entre los que se encuentran poetas y presidentes, visionarios y villanos, actores y activistas.

El museo se abrió al público en 1968 con el objetivo de recopilar y mostrar imágenes de "hombres y mujeres que han contribuido de manera significativa a la historia, el desarrollo y la cultura del pueblo estadounidense".

La colección del museo incluye una amplia variedad de pinturas, esculturas, fotografías y dibujos, entre otras obras.

Como curiosidad, esta galería presenta la única colección completa de retratos presidenciales fuera de la Casa Blanca. Entre las obras destacadas que se pueden admirar en la National Portrait Gallery se encuentran el retrato de George Washington por Gilbert Stuart, el de Benjamin Franklin por Joseph Duplessis — que es la imagen que aparece en el billete de $100 — y el de Abraham Lincoln por Alexander Gardner.

Más información en http://inglesamerica.com/

MUSEO NACIONAL DEL AIRE Y EL ESPACIO

Es uno de los museos más espectaculares del mundo y el más grande de los 19 de Smithsonian. A lo largo de sus 23 galerías se exhiben cientos de aeronaves, naves espaciales, misiles, cohetes y otros objetos relacionados con la aviación. Entre los más valiosos destacan el *1903 Wright Flyer*, el *Spirit of St. Louis*, el *SpaceShipOne*, el módulo de comando del *Apolo 11* y el vehículo de prueba del telescopio espacial *Hubble*. Desde su apertura, en 1976, millones de personas visitan anualmente los dos enclaves del museo, que es el más visitado de los Estados Unidos. Además del edificio principal, situado en el National Mall de Washington, D.C., el Museo se complementa con otra sede, el Steven F. Udvar-Hazy Center, en Chantilly (Virginia). Estos millones de visitantes tienen acceso a los miles de objetos que forman la colección y que son de tamaños muy variados: desde el enorme cohete *Saturno V* hasta minúsculos microchips. Los archivos del museo dedican 12.000 pies cúbicos (340.400 metros cúbicos) a conservar documentos que forman parte de la historia de la aviación y muestran la evolución de la tecnología aérea. La instalación también posee la colección más completa de imágenes de la aviación y del espacio.

CENTRO UDVAR-HAZY (MUSEO NACIONAL DEL AIRE Y EL ESPACIO)

Aquí se exponen cientos de aeronaves y naves espaciales que son demasiado grandes para exponer en el Museo Nacional del Aire y el Espacio, en el National Mall en Washington, D.C. También se muestran miles de piezas de exposición más pequeñas relacionadas con la aviación.

Entre los objetos expuestos que se pueden encontrar están un *Lockheed SR-71 Blackbird*, un *Concorde*, el *Boeing B-29 Enola Gay* y el transbordador espacial *Discovery*, así como muchos otros vehículos, instrumentos, recuerdos y equipos agrupados de manera temática.

En total, la colección del museo está formada por alrededor de 67.000 objetos, cuyo tamaño varía, desde los cohetes Saturno V a aviones de pasajeros, planeadores, cascos espaciales y microchips.

El museo gestiona un programa que permite a otros museos solicitar en calidad de préstamo sus tesoros aeronáuticos.

El Udvar-Hazy Center se inauguró en 2003 y se encuentra situado en Chantilly, en el estado de Virginia, a 30 millas de Washington.

Más información en http://inglesamerica.com/

MUSEO Y JARDÍN DE ESCULTURAS HIRSHHORN

El Hirshhorn Museum and Sculpture Garden es uno de los centros destacados a nivel mundial en lo relativo a arte moderno y contemporáneo internacional. Situado en el National Mall de Washington, D.C., el museo abrió sus puertas en 1974, como resultado de los esfuerzos y generosidad del filántropo Josepf H. Hirshhorn (1899-1981), que donó su colección al Smithsonian en 1966. El museo cuenta con varios recintos: el propio interior del edificio circular del museo y un jardín a diferentes alturas.

La colección permanente, de alrededor de 12.000 obras de arte, incluye piezas de artistas destacados, desde finales del siglo XIX hasta nuestros días, y en ella se pueden contemplar pinturas, esculturas, fotografías, trabajos en papel, instalaciones en técnica mixta, etc.

El Hirshhorn posee una de las colecciones más completas de escultura moderna del mundo, con muchos ejemplos para contemplar, tanto en el interior como en el exterior, como la amplia colección de esculturas de maestros modernos y artistas emergentes. Entre estos artistas se encuentran Rodin, Matisse y Moore.

LOS MUSEOS DE SMITHSONIAN Y EL ZOO

- National Museum of African American History and Culture
- National Museum of African Art
- National Air and Space Museum
- National Air and Space Museum - Steven F. Udvar-Hazy Center
- Smithsonian American Art Museum
- National Museum of American History
- National Museum of the American Indian
- Anacostia Community Museum
- Arthur M. Sackler Gallery
- Freer Gallery of Art
- Hirshhorn Museum and Sculpture Garden
- National Museum of Natural History
- National Portrait Gallery
- The Renwick Gallery
- Smithsonian Institution Building, The Castle
- Arts and Industries Building
- National Museum of the American Indian - George Gustav Heye Center
- Cooper Hewitt, Smithsonian Design Museum
- National Zoo

FOTOS DE INTERIOR:

© Valeriy Kachaev | Dreamstime.com
© Andrei Krauchuk | Dreamstime.com
© Alexandr Sidorov | Dreamstime.com
© Pavlo Syvak | Dreamstime.com
© Eric Fandrick | Dreamstime.com
© Alexander Pokusay| Dreamstime.com
© Lavitreiu | Dreamstime.com
© Radoman Durkovic | Dreamstime.com
© Milo827 | Dreamstime.eps
© Anton_novik | Dreamstime.com
© Balasoiu Claudia | Dreamstime.com
© Anastasiia Bobko | Dreamstime.com
© Matriyoshka | Dreamstime.com
© Logotypes | Dreamstime.com
© Charmaine Paulson | Dreamstime.com
© Steve Mann | Dreamstime.com
© Nordcry | Dreamstime.com
© Stiven | Dreamstime.com
© Mike Monahan | Dreamstime.com
© Maryna Kriuchenko | Dreamstime.com
© Anton Brand | Dreamstime.com
© Talithait | Dreamstime.com
© Artisticco Llc | Dreamstime.com
© Emrah Avci | Dreamstime.com
© Gpgroup | Dreamstime.com
© Rogerothornhill | Dreamstime.com
© Gstudioimagen | Dreamstime.com
© Olga Naidenova | Dreamstime.com
© Rashadashurov | Dreamstime.com
© Anna Velichkovsky | Dreamstime.com
© Mast3r | Dreamstime.com
© Martin Brown | Dreamstime.com
© Kiwitree | Dreamstime.com
© Natalia Bratslavsky | Dreamstime.com
© Richard Koele | Dreamstime.com
© Kuosumo | Dreamstime.com
© Anthony Furgison | Dreamstime.com
© Olga Bogatyrenko | Dreamstime.com
© Dan Breckwoldt | Dreamstime.com
© Terrance Emerson | Dreamstime.com
© Lisa F. Young | Dreamstime.com
© Aniram | Dreamstime.com
© Richard Lowthian | Dreamstime.com
© Pgangler | Dreamstime.com
© Wangkun Jia | Dreamstime.com
© Jimmyi23 | Dreamstime.com
© Lee Serenethos | Dreamstime.com
© Patrimonio Designs Limited | Dreamstime.com
© Anthony Aneese Totah Jr | Dreamstime.com
© Boreccy | Dreamstime.com
© Cvandyke | Dreamstime.com
© Sean Pavone | Dreamstime.com
© Lee Snider | Dreamstime.com
© Zimmytws | Dreamstime.com
© Michael Brown | Dreamstime.com
© Mvogel | Dreamstime.com
© Dani3315 | Dreamstime.com .
© Lookzone | Dreamstime.com
© Ircrockett | Dreamstime.com
© Fintastique | Dreamstime.com
© Michael Schmeling | Dreamstime.com
© Carmentianya | Dreamstime.com
© Katrina Brown | Dreamstime.com
© Serban Enache | Dreamstime.com
© Alvinku | Dreamstime.com
© Justforever | Dreamstime.com
© Richie Lomba | Dreamstime.com
© Karima Lakhdar | Dreamstime.com
© Ashestosky | Dreamstime.com
© Yukchong Kwan | Dreamstime
© Aivolie | Dreamstime.com
© Cheryl Casey | Dreamstime.com
© Lightvision | Dreamstime.com
© Luckydoor | Dreamstime.com
© Subhrajyoti Parida | Dreamstime.com
© Gary Arbach | Dreamstime.com
© Andres Rodriguez | Dreamstime.com
© Americanspirit | Dreamstime.com
© Leslie Banks | Dreamstime.com
© James Crawford | Dreamstime.com
© Valentin Armianu | Dreamstime.com
© Raycan | Dreamstime.com
© Andreykr | Dreamstime.com
© Vacclav | Dreamstime.com
© Bjørn Hovdal | Dreamstime.com
© Kwanchaichaiudom | Dreamstime.com
© Kraphix | Dreamstime.com
© Meunierd | Dreamstime.com
© Jitterbug111 | Dreamstime.com
© Jon Bilous | Dreamstime.com
© Kristina Kostova | Dreamstime.com
© Oleg Dudko | Dreamstime.com
© Zrfphoto | Dreamstime.com
© Eric Fandrick | Dreamstime.com
© Gözde Dünda | Dreamstime.com
© Jaka Vukotič | Dreamstime.com
© Wissanu99 | Dreamstime.com
© Sergio Hayashi | Dreamstime.com
© Daniil Maximenkov | Dreamstime.com
© Gstudioimagen | Dreamstime.com
© Jorgenmac | Dreamstime.com
© Marochkina | Dreamstime.com
© Artoptimum | Dreamstime.com
© Viktoriia Panchenko | Dreamstime.com